ARBEITSBUCH

TEILBAND 1

A2

Pluspunkt Deutsch

von Friederike Jin, Jutta Neumann und Joachim Schote

Pluspunkt Deutsch A2

Neue Ausgabe
Deutsch als Zweitsprache
Arbeitsbuch
Teilband 1

Symbole

🔊)) Hörverstehensübung
(Hörtext auf CD)

🗣)) Phonetikübung mit CD

⊙ Binnendifferenzierung:
Vertiefungsübung

◉ Binnendifferenzierung:
Erweiterungsübung

✳ Portfolio-Übungen

Im Auftrag des Verlages erarbeitet von Friederike Jin, Jutta Neumann und Joachim Schote

In Zusammenarbeit mit der Redaktion:
Maria Funk, Andrea Mackensen (verantwortliche Redakteurin),
Gunther Weimann (Projektleitung)

Redaktionelle Mitarbeit: Kerstin Reisz (Lösungsschlüssel), Dieter Maenner
Bildredaktion: Katharina Hoppe-Brill

Illustrationen: Matthias Pflügner
Gesamtgestaltung und technische Umsetzung: SOFAROBOTNIK, Augsburg und München

www.cornelsen.de

1. Auflage, 1. Druck 2010

Alle Drucke dieser Auflage sind inhaltlich unverändert und können im Unterricht
nebeneinander verwendet werden.

© 2010 Cornelsen Verlag, Berlin

Druck: Druckhaus Berlin-Mitte GmbH

ISBN 978-3-06-024283-2

 Inhalt gedruckt auf säurefreiem Papier aus nachhaltiger Forstwirtschaft.

Inhalt

1 Ergänzen Sie die Fragewörter und beantworten Sie die Fragen.

> Wo – Wohin – Wie lange – Woher – Welche – Wie

1. _____ kommen Sie? _____

2. _____ wohnt Ihre Familie? _____

3. _____ sind Sie schon in Deutschland? _____

4. _____ Städte kennen Sie in Deutschland? _____

5. _____ finden Sie die Städte? _____

6. _____ möchten Sie gern fahren? _____

2 Herkunft und Staatsbürgerschaft. Lesen Sie den Text. Ergänzen Sie dann für sich selbst.

> *Ich komme aus Deutschland. Deutschland liegt in Europa. Meine Muttersprache ist Deutsch. Ich habe die deutsche Staatsbürgerschaft. Ich bin Deutscher und meine Frau ist Deutsche.*

Ich komme aus

_____ .

_____ liegt

in _____ .

Meine Muttersprache ist _____ .

Ich habe die _____ Staatsbürger-

schaft. Ich bin _____ .

3 Bei der Anmeldung. Füllen Sie das Formular für sich selbst aus.

ANMELDEBOGEN	
Frau/Herr	
Name	Vorname(n)
bei Frauen Geburtsname	
Geburtsort	Herkunftsland
Geburtsdatum (Tag/Monat/Jahr)	
Staatsangehörigkeit	
Wohnort	Postleitzahl
Straße und Hausnummer	
Muttersprache	Weitere Sprachen

4 *Seit* + Dativ. Ergänzen Sie die Artikel im Dativ.

◖ Hallo, sind Sie auch neu hier?

◖ Nein, ich wohne schon seit ein___ Jahr hier. Und Sie?

◖ Wir sind seit ein___ Monat hier, wir haben erst bei Verwandten gewohnt. Aber wir hatten Glück,

seit ein___ Woche haben wir eine Wohnung.

5 Wiederholung – Possessivartikel. Ergänzen Sie.

sein – ihr – sein – ihre – sein – ihr – seine – ihr – seine

1. Das ist Tarek al Wazir. _____ Vater kommt aus dem Jemen. _____ Mutter ist Deutsche. _____ Geburtsland ist Deutschland und _____ Mutterspra-che ist Deutsch. _____ Beruf: Politiker.

2. Das ist Frau Godana. _____ Geburts-land ist Äthiopien. _____ Wohnort ist Bremen. Sie ist Lehrerin, _____ Beruf macht ihr Spaß. _____ Schüler mögen sie sehr.

A Die eigene Geschichte erzählen

6 Schreiben Sie die Sätze.

1. zur Schule – gegangen – Er – in Ghana und in Deutschland – ist.
2. Fußball – gespielt – hat – gern – Er.
3. festgestellt – eine Herzkrankheit – Die Ärzte – haben.
4. gespielt – Er – hat – in der Nationalmannschaft.
5. gewonnen – mit seiner Mannschaft – Er – hat – den Pokal.

1.	Er	ist	in	
2.				
3.				
4.				
5.				

7 Das Leben von Herrn Asamoah. *Sein* oder *haben*? Ergänzen Sie.

Die Eltern von Herrn Asamoah _____ aus politischen Gründen nach Deutschland gekommen. Er _____ erst in Ghana geblieben und _____ bei seinen Verwandten gewohnt. 1990 _____ er zu seinen Eltern nach Hannover gekommen. Er _____ immer viel Fußball gespielt. 1999 _____ er nach Gelsenkirchen umgezogen. Dort wohnt er jetzt mit seiner Familie.

8a Partizip – regelmäßige Verben. Wie heißt das Partizip? Schreiben Sie.

wohnen _____	spielen _____	lernen _____
machen _____	besuchen _____	arbeiten _____
abholen _____	verdienen _____	beantragen _____

8b Partizip – unregelmäßige Verben. Wie heißt das Partizip? Schreiben Sie.

kommen _____	fahren _____	umziehen _____
gehen _____	bleiben _____	mitkommen _____

9 Wie heißen die Infinitive? Schreiben Sie.

1. ◖ Warum <u>hast</u> du eine andere Arbeit <u>gesucht</u>? _____

   ◖ Ich <u>habe</u> früher leider nicht so viel Geld <u>verdient</u>. _____

2. ◖ Ein schönes Kleid!

   ◖ Ja, ich <u>habe</u> es gerade neu <u>gekauft</u>. _____

   ◖ Und wie viel <u>hast</u> du für das Kleid <u>bezahlt</u>? _____

   ◖ Nicht so viel, es war sehr günstig.

3. ◖ <u>Ist</u> der Zug nach Hamburg schon <u>abgefahren</u>? _____

   ◖ Nein, nein. Das hier ist der Zug nach Duisburg.

   Der ICE nach Hamburg <u>ist</u> noch nicht <u>angekommen</u>. _____

10 Ergänzen Sie die Präpositionen.

> in – in – von ... nach – bei – nach

2007 bin ich _____ Deutschland gekommen. Ich habe zuerst _____ Köln _____ meinen Verwandten gewohnt. Dann bin ich _____ Köln _____ Hamburg umgezogen. _____ Hamburg habe ich eine Arbeit als Techniker gefunden.

11 Frau Tokaryk erzählt. Schreiben Sie einen Text in Ihr Heft.

nach Deutschland gekommen, in Dortmund bei Verwandten gewohnt	Deutschkurs gemacht	eine Wohnung gefunden, ihr Mann auch nach Deutschland gekommen	in Dortmund Arbeit gesucht	in Bochum Arbeit gefunden, nach Bochum umgezogen
2001	2002	2003	2004	2005

B Wie haben Sie das geschafft?

12a Hören Sie das Interview mit Herrn Sorokin und ordnen Sie die Fotos. 🔊 2

12b Hören Sie noch einmal und ordnen Sie die Satzteile. 🔊 2

- ◯ als Ingenieur arbeiten
- ◯ einen Sprachkurs gemacht
- ◯ in der Nähe von Kassel gewohnt
- ◯ keine Arbeit gefunden
- ◯ 2007 nach Deutschland gekommen

- ◯ die Prüfung beim zweiten Mal geschafft
- ◯ zu seinem Onkel nach Frankfurt
- ◯ umgezogen
- ◯ viele nette Leute kennengelernt
- ◯ eine Arbeit gefunden

12c Schreiben Sie die Geschichte von Herrn Sorokin in Ihr Heft.

13 Possessivartikel – Teil 1. Ergänzen Sie.

❰ Guten Tag, _____ Name ist Tranh. Das ist _____ Frau.

❰ Guten Tag, Frau Tranh, guten Tag, Herr Tranh. Was kann ich für Sie tun?

❰ Das ist _____ Tochter. Sie soll in den Kindergarten gehen.

❰ Wie alt ist _____ Tochter?

❰ Drei Jahre.

> mein –
> Ihre –
> unsere –
> meine

14 Possessivartikel – Teil 2. Ergänzen Sie.

> eure – eure – ihre – unsere – unsere – unsere

◖ Hallo, ich habe euch lange nicht gesehen! Sind das _____ Kinder?

◗ Ja, das ist _____ Tochter Galina und das sind _____ Söhne Michail und Alexander.

◖ Seid ihr zu Fuß gekommen?

◗ Ja, nur Michail und Galina sind mit dem Fahrrad gefahren, _____ Fahrräder stehen vor der Tür.

◖ Kommt rein, _____ Kinder sind leider nicht da. Möchtet ihr etwas trinken? Und Michail und Galina, bringt _____ Fahrräder lieber in den Hof. Das ist besser.

15 Ergänzen Sie die Tabelle.

	der Stift	das Heft	die Tasche	die Bücher
ich:	*mein* Stift	_____ Heft	_____ Tasche	_____ Bücher
du:	_____ Stift	_____ Heft	_____ Tasche	_____ Bücher
er/es:	_____ Stift	_____ Heft	_____ Tasche	_____ Bücher
sie:	_____ Stift	_____ Heft	_____ Tasche	_____ Bücher
wir:	_____ Stift	_____ Heft	_____ Tasche	_____ Bücher
ihr:	_____ Stift	_____ Heft	_____ Tasche	_____ Bücher
sie:	_____ Stift	_____ Heft	_____ Tasche	_____ Bücher
Sie:	_____ Stift	_____ Heft	_____ Tasche	_____ Bücher

16 Die Possessivartikel *Ihr, dein* und *euer*. Ergänzen Sie.

> dein – eure – euer – Ihre – Ihre – Ihre

1. ◖ Guten Tag, Frau Dhal. Ist das _____ Tochter? ◗ Nein, das ist meine Nichte.

2. ◖ Anna, Entschuldigung. Ist das _____ Stift? ◗ Ja, du kannst ihn gern nehmen.

3. ◖ Sergej und Nina, sind das _____ Bücher? ◗ Nein, das sind nicht unsere Bücher.

4. ◖ Herr Wang, ich brauche noch _____ Telefonnummer. ◗ Ah ja, 089/24 25 29.

5. ◖ Frau und Herr Cakarcan, wie heißen _____ Kinder? ◗ Mitri und Alissa.

6. ◖ Markus, Lena, wo ist _____ Vater? ◗ Er ist noch im Büro.

17 **Auf dem Amt. Nominativ, Akkusativ oder Dativ? Ergänzen Sie die Possessivartikel.**

◖ Guten Tag, Frau Petőfi. Haben Sie _____ Pass?

◖ Ja, hier bitte.

◖ Danke. Und _____ Unterlagen?

◖ Entschuldigung, ich habe _____ Frage nicht verstanden. Was bedeutet Unterlagen?

◖ Unterlagen sind die Papiere. Haben Sie _____ Antragsformular, _____ Mietvertrag

und _____ Gehaltsabrechnung?

◖ Ja, natürlich. Hier sind _____ Dokumente.

◖ Und die Pässe von _____ Eltern?

◖ Hier sind Kopien von _____ Pässen.

◖ Danke.

18 **Ergänzen Sie die Verben im Perfekt.**

Ich _____ in der Ukraine Radiotechnik _____ (studieren).

Dort _____ ich meine Frau _____ (kennenlernen). Wir _____

1998 _____ (heiraten). Ich _____ eine gute Arbeit in Kabul

_____ (bekommen), deshalb _____ wir nach Afghanistan

_____ (gehen). Aber die Situation war schwierig. Deshalb _____ wir

nach Deutschland _____ (kommen). Unsere Verwandten _____ uns

_____ (helfen). Wir _____ erst im Wohnheim _____

(wohnen) und dann _____ ich eine Arbeit _____ (finden). Meine

Frau _____ bei den Kindern _____ (bleiben), sie waren ja noch klein.

C Sprachen lernen

19 **Schreiben Sie die Fragen und beantworten Sie sie.**

1. Sie – wie lange – lernen – schon Deutsch? _____

_____

2. Sie – sprechen – viel mit Deutschen? _____

_____

3. auch deutsche Filme – Sie – sehen – im Fernsehen? _____

_____

_____

20   Adjektive. Ordnen Sie zu.

> ~~leise~~ – schwierig – langsam – lustig – wichtig – einfach – laut – schnell – unwichtig

1. Eine Übung ist _____

2. Ich finde es _____

3. Die Frau spricht *leise,* _____

21   Wiederholung – das Verb *sprechen*. Ergänzen Sie.

1. ◖ Welche Sprachen _____ du?

◖ Ich _____ Spanisch und ein bisschen Deutsch.

2. Meine Freunde _____ leider kein Deutsch.

3. Herr Li _____ Englisch, Deutsch und natürlich Chinesisch.

4. ◖ Welche Sprachen _____ Sie?

◖ Ich _____ leider nur Deutsch.

22a   Tipps zum Sprachenlernen. Was passt zusammen? Ordnen Sie zu.

Ich verstehe die Deutschen oft nicht. **1** ○——○ **A** Dann schreib sie doch auf Wortkarten.

Ich spreche so wenig Deutsch. **2** ○——○ **B** Dann sag doch: Ich habe Sie nicht verstanden. Bitte wiederholen Sie noch einmal.

Ich kann die Wörter nicht behalten. **3** ○

Ich spreche nicht viel. Ich möchte **4** ○   ○ **C** Man darf keine Angst haben. Fehler sind
keine Fehler machen.   doch nicht so schlimm.

○ **D** Rede doch mal mit deinen Nachbarn.

22b   Tipps geben. Textkaraoke. Hören Sie und sprechen Sie die ☺-Rolle im Dialog. 🗣))) 3̱

🗣 …

☺ Du kannst auch mit anderen Ausländern auf Deutsch sprechen.

🗣 …

☺ Schreib doch die Wörter auf Wortkarten.

🗣 …

☺ Dann sag doch: Bitte sprechen Sie langsam.

🗣 …

☺ Hab doch keine Angst. Fehler sind doch nicht schlimm.

23   Flüssig sprechen. Hören Sie zu und sprechen Sie nach. 🗣))) 4̱

1. verlassen. – vor acht Jahren verlassen. – Er hat seine Heimat vor acht Jahren verlassen.

2. viel geholfen. – ihm am Anfang viel geholfen. – Seine Verwandten haben ihm am Anfang viel geholfen.

3. eine Arbeit gefunden. – hat er eine Arbeit gefunden. – Nach dem Deutschkurs hat er eine Arbeit gefunden.

4. beantragt. – die deutsche Staatsbürgerschaft beantragt. – Er hat die deutsche Staatsbürgerschaft beantragt.

24a Kursangebot an der VHS Brackwede. Welcher Kurs passt? Lesen Sie die Situationen 1 bis 4 und ordnen Sie zu.

1. ◯ Frau Kebaili hat zwei Kinder. Sie will nicht viel Geld für Kleidung ausgeben.

2. ◯ Herr Lehmann ist neu in Brackwede. Er möchte Leute kennenlernen. Er mag Musik.

3. ◯ Herr Semprun ist 65 Jahre alt. Er ist gesund und möchte weiter gesund bleiben. Deshalb möchte er Sport machen.

4. ◯ Herr und Frau Herrmann sind Rentner und reisen gern. Sie waren noch nicht in China. Sie möchten das Land und die Kultur kennenlernen.

A Walken für Anfänger

Walking, eine Aktivität zwischen spazieren gehen, wandern und joggen, ist für jedes Alter geeignet. Bringen Sie Laufschuhe und passende Kleidung mit.

> Dienstag 10.00–11.30 Uhr, Beginn: 2. 9.
> Treffpunkt: Westpark, Eingang Hansaallee

B Kochen für Anfänger/innen

Sie können nicht kochen? Kein Problem. Ob frisch von Zuhause ausgezogen oder schon über Jahre der beste Kunde beim Pizzadienst. In diesem Kochkurs lernen Sie, wie man Pasta, Salate, Bratkartoffeln, Asia-Pfannen – und was Ihnen sonst noch schmeckt – selber kocht.

> VHS, Bielefelder Straße 3, EG, Küche
> Mittwoch 18.00–20.00 Uhr

C Chor – Lieder aus aller Welt

Für alle, die Freude am Singen haben. Wir singen Lieder aus vielen verschiedenen Ländern. Notenkenntnisse sind nicht erforderlich. Weitere Informationen erhalten Sie telefonisch bei Monika Zelter (0171) 70 81 77.

> Donnerstag 19.00–20.30 Uhr
> VHS, Bielefelder Straße 3, 2. OG, Raum 211

D Aktuelle Mode – selbst genäht

In angenehmer Atmosphäre werden wir modische Kleidung selbst machen. Sie lernen zuschneiden, nähen, abstecken und anprobieren – kurzum alle wichtigen Schritte bis zum fertigen Kleidungsstück. Der Kurs ist für Anfänger/innen und Fortgeschrittene geeignet. Voraussetzung: Spaß am Nähen!

> VHS, Bielefelder Straße 3, 1. OG, Raum 110
> Fr–So, 09.–11. 10., Fr 19.00–21.15 Uhr,
> Sa 13.00–18.15 Uhr, So 10.00–15.15 Uhr

E Studienreise nach Hongkong, Shanghai, Xian und Peking

Drei Wochen China intensiv. Wir fahren mit einer deutschsprachigen Reiseführerin, sie erklärt uns die wichtigsten Sehenswürdigkeiten und hilft uns Land und Leute zu verstehen.

> Vorbereitungstreffen:
> Donnerstag 25. 07. um 15.00 Uhr in der VHS,
> Bielefelder Straße 3, 1. OG, Raum 108

F Orientalischer Tanz

Ein Kurs für Frauen in jedem Alter. Wir wollen orientalische Musik hören und tanzen. Orientalischer Tanz macht Spaß und hält uns fit.

> Dienstag 18.30–20.00 Uhr
> VHS, Bielefelder Straße 3, 2. OG, Raum 211

24b Welcher Kurs ist für Sie interessant?

Wichtige Wörter

Geschichte, die _____

hektisch _____

A eigen- _____

erzählen _____

1a Grund, der, "-e _____

verlassen, er verlässt, _____
er hat verlassen

erst _____

deshalb _____

ich bin … geworden _____

Krankheit, die, -en _____

fest|stellen _____

Angst, die _____

Angst haben _____

weiter _____

Staatsbürgerschaft, _____
die, -en

gewinnen, er hat _____
gewonnen

Stiftung, die, -en _____

gründen _____

Zwilling, der, -e _____

1c positiv _____

negativ _____

B schaffen _____

Wie haben Sie es _____
geschafft?

1a Universität, die, -en _____

Spaß machen _____

Das macht mir Spaß. _____

1d Anfang, der, "-e _____

am Anfang _____

Sprachkurs, der, -e _____

einen Sprachkurs _____
machen

aktiv _____

Verein, der, -e _____

2a natürlich _____

3 schwierig _____

C

2a Wort, das, "-er _____

Wortkarte, die, -n _____

Fehler, der, - _____

Regel, die, -n _____

Übung, die, -en _____

zu|hören _____

lustig _____

behalten, er behält, _____
er hat behalten

neue Wörter _____
behalten

aus|probieren _____

Satz, der, "-e _____

auswendig _____

etwas auswendig _____
lernen

am besten _____

schriftlich _____

5 unbedingt _____

Computerkurs, _____
der, -e

_____

_____

Wörter lernen

25a   Gegenteile. Ordnen Sie zu.

> ~~groß~~ – modern – langweilig – laut – schmutzig – gemütlich

1. klein   *groß*   4. ruhig

2. hektisch   5. sauber

3. interessant   6. alt

25b   Welche Wörter aus 25a passen zu den Fotos? Ordnen Sie zu.

26   Kreuzworträtsel. Ergänzen Sie die Verben.

> sprechen – schreiben – besuchen –
> machen – verstehen – behalten –
> haben – lesen – lernen

1. mit Deutschen …
2. neue Wörter leicht …
3. die Deutschen gut …
4. keine Angst …
5. einen Fehler …
6. Sätze auswendig …
7. Wörter auf Wortkarten …
8. ein Buch …
9. einen Kurs …

27   Wörter hören und nachsprechen. Hören Sie zu und sprechen Sie nach. 🔊 5

1. aktiv – negativ – positiv – schwierig – lustig
2. die Staatsbürgerschaft – die Universität – der Verein
3. auswendig lernen – Wörter behalten – Angst haben – Fehler machen

1a Georg und die Medien. Was fehlt hier? Schreiben Sie die Wörter mit Artikel.

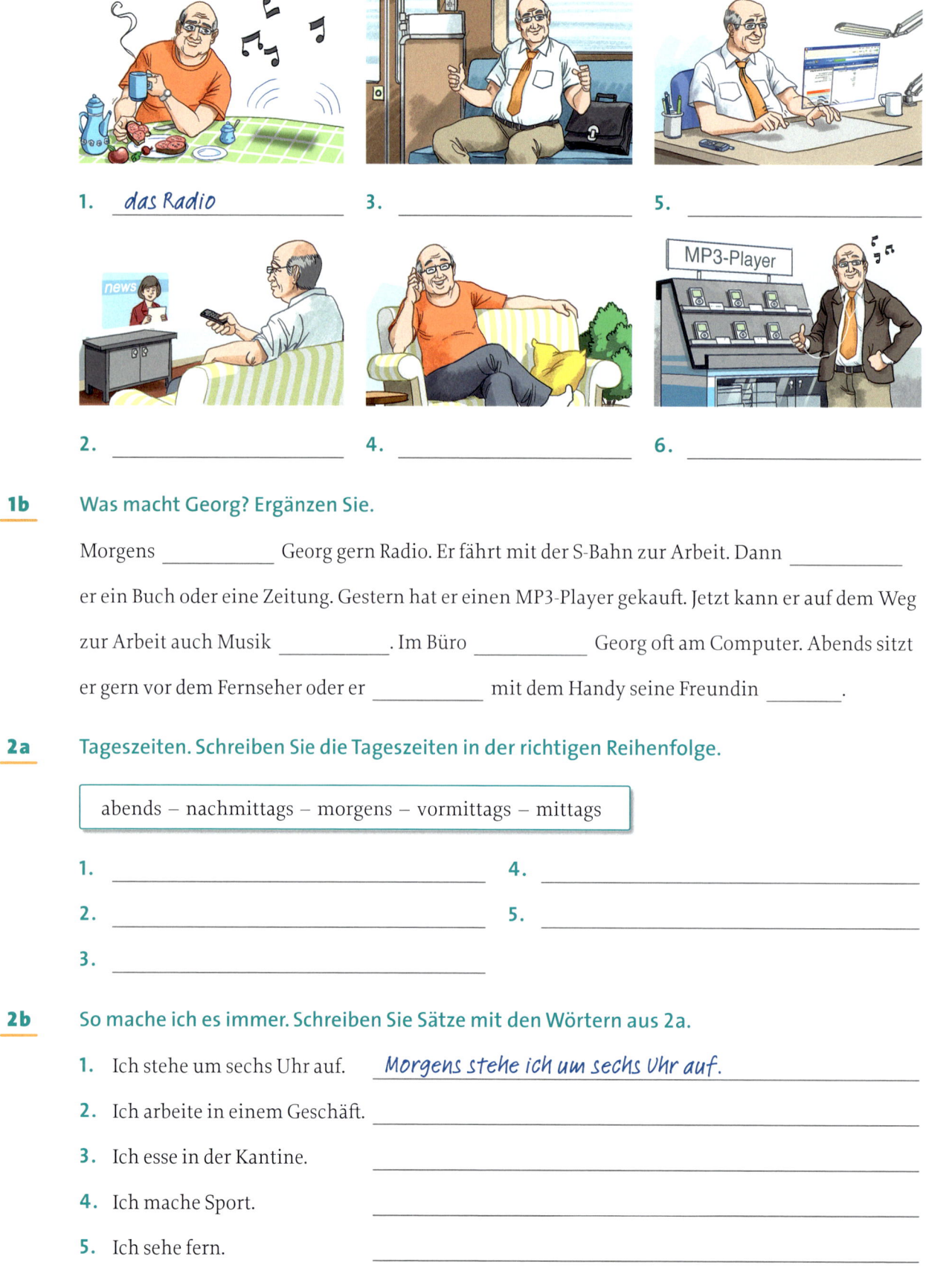

1. _das Radio_   3. _____   5. _____

2. _____   4. _____   6. _____

1b Was macht Georg? Ergänzen Sie.

Morgens _____ Georg gern Radio. Er fährt mit der S-Bahn zur Arbeit. Dann _____

er ein Buch oder eine Zeitung. Gestern hat er einen MP3-Player gekauft. Jetzt kann er auf dem Weg

zur Arbeit auch Musik _____ . Im Büro _____ Georg oft am Computer. Abends sitzt

er gern vor dem Fernseher oder er _____ mit dem Handy seine Freundin _____ .

2a Tageszeiten. Schreiben Sie die Tageszeiten in der richtigen Reihenfolge.

> abends – nachmittags – morgens – vormittags – mittags

1. _____   4. _____

2. _____   5. _____

3. _____

2b So mache ich es immer. Schreiben Sie Sätze mit den Wörtern aus 2a.

1. Ich stehe um sechs Uhr auf.   _Morgens stehe ich um sechs Uhr auf._____

2. Ich arbeite in einem Geschäft.   _____

3. Ich esse in der Kantine.   _____

4. Ich mache Sport.   _____

5. Ich sehe fern.   _____

2c Was passt zusammen? Verbinden Sie.

morgens **1** o   o **A** am Mittag
mittags **2** o   o **B** am Nachmittag
nachmittags **3** o   o **C** am Morgen
abends **4** o   o **D** am Vormittag
vormittags **5** o   o **E** am Abend

3 Welche Medien benutzen Sie täglich oder oft? Schreiben Sie.

_____

_____

_____

A Rund ums Internet

4 Warum benutzen die Menschen das Internet? Hören Sie und ordnen Sie zu. 🔊 6

> chattet mit Freunden – sieht Filme – vergleicht Preise

1. Yana Daneva _____ im Internet.

2. Ariane Sand _____ .

3. Simon Maier _____ und kauft im Internet ein.

5 Warum spricht niemand mit mir? Schreiben Sie Sätze mit *weil*.

> Sie telefoniert mit dem Handy. – Er liest Zeitung. –
> Sie surft im Internet. – Sie sieht fern. – Er hört Musik.

1. Mein Mann spricht nicht mit mir,

   weil er Zeitung liest.

2. Unsere Tochter spricht nicht mit mir,

   _____

3. Unser Sohn spricht nicht mit mir,

   _____

4. Meine Mutter spricht nicht mit mir,

   _____

5. Unsere Katze spielt nicht mit mir,

   _____

6a Urlaub. Was passt? Verbinden Sie.

Sie will Urlaub machen. **1** o   o **A** Sie fliegt morgen nach Griechenland.

Sie surft im Internet. **2** o   o **B** Sie will im Flugzeug Musik hören.

Sie packt den Koffer. **3** o   o **C** Sie will abends ausgehen.

Sie nimmt ein Abendkleid mit. **4** o   o **D** Sie hat viel gearbeitet.

Sie kauft ein Buch. **5** o   o **E** Sie möchte im Urlaub lesen.

Sie nimmt ihren MP3-Player mit. **6** o   o **F** Sie sucht Urlaubsangebote.

6b Schreiben Sie Fragen und Antworten.

1. *Warum will sie Urlaub machen? — Weil sie viel gearbeitet hat.*

2. _____

3. _____

4. _____

5. _____

6. _____

7a Warum lernen die Personen Sprachen? Ergänzen Sie.

1. Vecih lernt Deutsch,   *weil er Arbeit*   *sucht.*
   (Er sucht Arbeit.)

2. Maja lernt Französisch,   *weil sie in Paris studieren*
   (Sie will in Paris studieren.)

3. Paulina lernt Englisch,   *weil*
   (Ihr Freund kommt aus den USA.)

4. Olaf lernt Norwegisch,   *weil*
   (Er geht nach Norwegen.)

7b Schreiben Sie die Sätze aus 7a mit *denn*.

1. Vecih lernt Deutsch,   denn   *er*   *sucht*   *Arbeit.*

2. Maja lernt Französisch,   denn _____

3. Paulina lernt Englisch,   denn _____

4. Olaf lernt Norwegisch,   denn _____

8a Wiederholung – trennbare Verben. Schreiben Sie Sätze.

   1. vorlesen – er – den Kindern _____

   2. abholen – er – die Kinder – von der Schule _____

   3. zurückkommen – er – spät _____

8b Schreiben Sie Sätze mit *weil*.

   1. _Er kann nicht fernsehen, weil er den Kindern_ _____

   2. _Er fährt nicht nach Hause,_ _____

   3. _Er ruft seine Frau an,_ _____

9 Warum? Schreiben Sie Sätze mit *weil*.

   1. Warum spielen die Kinder nicht im Garten?

   _____

   _____

   3. Warum trinkt Herr Worsch heute kein Bier?

   _____

   _____

   2. Warum fährt Herr Scholz zum Flughafen?

   _____

   _____

   4. Warum geht Frau Peters früh ins Bett?

   _____

   _____

B   Fernsehen und Radio

10a Was ist das? Ergänzen Sie die Wörter.

   1. ○ das Q__ __z   4. ○ der F__rns__hf__lm   7. ○ der T__ __rf__lm

   2. ○ die N__chr__cht__n   5. ○ der Sp__rt   8. ○ die M__s__ks__nd__ng

   3. ○ der Kr__m__   6. ○ das K__nd__rpr__gr__mm

10b Das Radioprogramm. Hören Sie. Welche Sendungen gibt es heute?
Kreuzen Sie in 10a an. 🔊 7

11 Was sehen Sie gern im Fernsehen? Schreiben Sie.

_____

_____

_____

12 Textkaraoke. Hören Sie und sprechen Sie die 😀-Rolle im Dialog. 🗣))) 8̲

🔊 …

😀 Was kommt denn?

🔊 …

😀 Ein Tierfilm? Das finde ich langweilig.

🔊 …

😀 Ja, Krimis sehe ich gern. Wann fängt er an?

🔊 …

😀 Gut, dann sehen wir den Krimi.

PRO7	3SAT
20:15 **CSI: NY „Taxi in den Tod"** USA 2008. Krimiserie. Seit langer Zeit macht ein Taximörder der Polizei und den Menschen in New York Angst.	**20:15** **Inselträume** (6/20) F 2009. Tierfilm über den Kodiakbären

13 Ein Fernsehabend. Ergänzen Sie den Dialog.

> Was kommt heute Abend im Fernsehen? – Na gut. – Um zehn. – Aber es gibt auch einen Film mit Julia Roberts.

◖ _____

◖ Heute ist das Fernsehprogramm langweilig. Es kommt nur ein Fußballspiel und ein Tierfilm.

◖ _____

◖ Wann fängt er an?

◖ _____

◖ Gut. Dann können wir zuerst das Fußballspiel sehen und dann den Film.

◖ _____

14 Schreiben Sie einen Dialog.

heute Abend fernsehen?

      😀 was?

Tierfilm/Quiz/Krimi

      Tierfilm

😕 nicht so gern / lieber Krimi

      eine Idee: lieber ausgehen

😀 viel besser

◖ _____

◖ _____

◖ _____

◖ _____

◖ _____

◖ _____

15 Wiederholung – W-Fragen. Ergänzen Sie die Fragewörter und ordnen Sie die Antworten zu.

> Welche – Wann – ~~Wie lange~~ – Warum

_____ Medien benutzen Sie täglich? **1** ○ ○ **A** Weil man dort viele Informationen bekommt.

_____ finden Sie das Internet wichtig? **2** ○ ○ **B** Das Handy und das Internet.

*Wie lange* sehen Sie täglich fern? **3** ○ ○ **C** Immer morgens, beim Frühstück.

_____ hören Sie Radio? **4** ○ ○ **D** Ein bis zwei Stunden.

16a Eine Meinung zu Medien. Lesen Sie den Text. Über welche Medien spricht Herr Aigner? Unterstreichen Sie im Text.

> *Beim Frühstück und auf dem Weg zur Arbeit höre ich gern Radio, vor allem die Nachrichten und die Verkehrsmeldungen. Fernsehen mag ich nicht. Viele Filme sind langweilig, die Informationen sind oft unwichtig. Ich bin auch dagegen, dass Kinder zu viel fernsehen. Ich finde, dass sie aus Büchern mehr lernen können. Ich lese auch gern Bücher. Und dann haben heute alle ein Handy. Warum? Die Handys sind doch sehr teuer und man muss doch nicht überall telefonieren.*

16b Welche Medien findet Herr Aigner gut, welche nicht so gut? Ergänzen Sie die Medien und kreuzen Sie an.

	😊	☹
1. _____	○	○
2. _____	○	○
3. _____	○	○
4. _____	○	○

17a Das Leben in Deutschland – die Meinung von Ella Kaschenz. Schreiben Sie Sätze.

> Zugfahrkarten sind in Deutschland sehr teuer. – Man findet nur schwer eine Wohnung. – Der Winter ist sehr kalt. – Man kann am Wochenende viel machen. – Alle Menschen in Deutschland haben ein Auto.

Ich finde, dass

Ich finde es schlecht, dass

Ich denke, dass

Es ist nicht gut, dass

Ich finde es gut, dass

17b Das Leben in Deutschland – die Meinung von Ole Utter. Schreiben Sie Sätze.

1. Ich finde, dass (ist – der Winter in Norwegen – noch kälter).

   Ich finde, dass _____ ist.

2. Ich bin dagegen, dass (alle – haben – ein Auto).

   _____

3. Ich bin dafür, dass (die Menschen – fahren – mehr Fahrrad).

   _____

18 Meinung sagen. Ordnen Sie die Redemittel zu.

> Es ist gut, dass … – Ich finde es schlecht, dass … – Ich bin dafür, dass … – Ich finde es gut, dass … – Es ist schlecht, dass … – Ich bin dagegen, dass …

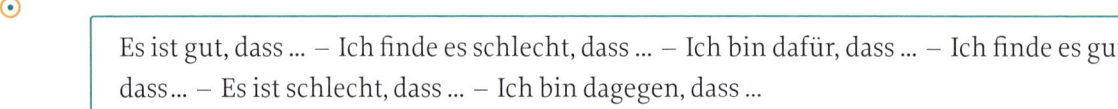

_____   _____

_____   _____

_____   _____

19 Was meinen Sie? Ergänzen Sie die Sätze.

1. Ich finde es gut, dass _____

2. Ich denke, dass _____

3. Ich meine, dass _____

C E-Mail und Co

20 Einen Brief am Computer schreiben. Wie macht man das? Ordnen Sie und schreiben Sie.

> den Text schreiben – die Datei schließen – die Datei speichern – den Computer einschalten – den Brief ausdrucken – den Computer ausschalten – ein neues Word-Dokument öffnen

Zuerst schaltet man

21 Flüssig sprechen. Hören Sie zu und sprechen Sie nach. 🔊 9

1. ungesund sind. – dass Handys ungesund sind. – Ich denke, dass Handys ungesund sind.
2. im Internet surfen können. – dass Kinder im Internet surfen können. – Ich finde es gut, dass Kinder im Internet surfen können.
3. zu viel Werbung gibt. – dass es zu viel Werbung gibt. – Ich finde, dass es zu viel Werbung gibt.

22a Was steht in der Zeitung? Lesen Sie die Überschriften. Wo finden Sie die Nachrichten in der Zeitung? Ordnen Sie zu.

Märkische Oderzeitung

Süddeutsche Zeitung
NEUESTE NACHRICHTEN AUS POLITIK, KULTUR, WIRTSCHAFT UND SPORT

DER TAGESSPIEGEL
RERUM · CAUSAS

DÜSSELDORFER STADTPOST
DÜSSELDORFS GRÖSSTE ZEITUNG

1. ◯ Bundesliga: Werder Bremen gewinnt 1:0
2. ◯ **Schneechaos in München**
3. ◯ **FIRMEN IN DER KRISE**
4. ◯ *Integrationskurse haben Erfolg*
5. ◯ *Präsident Obama besucht Kanada*

A Politik
B Wirtschaft
C Kultur und Bildung
D Sport
E Aus Land und Region

22b Lesen Sie die Artikel. Welche Überschrift aus 22a passt? Ergänzen Sie.

1. _____

Die Integrationskurse für Zuwanderinnen und Zuwanderer sind erfolgreich. Seit dem Start im Jahr 2005 haben 500.000 Migranten die Sprach- und Orientierungskurse besucht. Weitere 155.000 Menschen haben sich 2008 für einen Sprachkurs angemeldet. Auch Natalija Herrmann (28) hat den Sprachkurs besucht und im Dezember 2008 das Zertifikat Deutsch gemacht. Sie sagt: „Ich verstehe und spreche jetzt viel besser Deutsch, aber ich will weiter lernen. Im Januar habe ich einen B2-Kurs angefangen."

2. _____

Schnee und Glatteis haben am Montagmorgen den Verkehr in und um München behindert. Auf dem Flughafen München sind 60 Flüge ausgefallen, Busse und Straßenbahnen hatten große Verspätungen. Für die nächsten Tage sagt der Deutsche Wetterdienst weitere Schneefälle voraus.

22c Lesen Sie die Texte noch einmal und beantworten Sie die Fragen.

1. Wie viele Menschen haben schon die Integrationskurse gemacht?
   _____

2. Warum waren am Montag in München die Busse und Straßenbahnen nicht pünktlich?
   _____

Wichtige Wörter

Medien, die, Pl. _____

Mitte, die _____

warum _____

täglich _____

unwichtig _____

spannend _____

entspannend _____

A
1 vergleichen _____

chatten _____

2a Schüler/in, der/die, _____
-/-nen

Rentner/in, der/die, _____
-/-nen

denken, er hat _____
gedacht

2c weil _____

Online-Spiel, das, -e _____

3 nützlich _____

B
Fernsehen, das _____

1a Fernsehprogramm, _____
das, -e

Fernsehfilm, der, -e _____

Kindersendung, die, _____
-en

Quiz, das _____

Tierfilm, der, -e _____

Sportsendung, die, _____
-en

1b Sendung, die, -en _____

Wann kommt die _____
Sendung?

3a Zeitschrift, die, -en _____

Tageszeitung, die, _____
-en

3b alle _____

Gesprächsthema, _____
das, -themen

nach _____

Das Radio ist nach _____
dem Fernsehen
Nummer 2.

pro Tag _____

im Durchschnitt _____

ein|schalten _____

Autoradio, das, -s _____

Verkehrsmeldung, _____
die, -en

bei der Arbeit _____

laufen, er läuft, er ist _____
gelaufen

das Radio läuft _____

bieten, er hat _____
geboten

Information, die, -en _____

Welt, die, -en _____

aus der ganzen Welt _____

Wetterbericht, der, -e _____

Platz, der, "-e _____

auf Platz eins _____

4a Radiowerbung, die _____

Werbung, die _____

8 informieren _____

dafür sein _____

dagegen sein _____

c

E-Mail, die, -s	_____
1a Text, der, -e	_____
E-Mail-Adresse, die, -n	_____
ạb|schicken	_____
Datei, die, -en	_____
ạn|hängen	_____

speichern	_____
weitere	_____
löschen	_____
1b aus|wählen	_____
	_____
	_____

Wörter lernen

23 Fernsehsendungen. Was passt? Ordnen Sie zu.

1. ◯ der Fernsehfilm
2. ◯ die Kindersendung
3. ◯ das Quiz
4. ◯ die Nachrichten
5. ◯ der Krimi
6. ◯ der Tierfilm
7. ◯ die Sportsendung

24 Welches Wort passt nicht? Streichen Sie.

1. das E-Mail-Programm   öffnen – hören – schließen
2. die Betreffzeile   lesen – schreiben – anrufen
3. den Text   einschalten – korrigieren – lesen
4. eine Datei   anhängen – auswählen – anmelden
5. die E-Mail   abschicken – mitbringen – beantworten

25 Wörter hören und nachsprechen. Hören Sie zu und sprechen Sie nach. 🔊 ▶)) 10

1. die Medien – das Handy – die E-Mail – das Online-Spiel – das Quiz
2. die Information – das Programm – die Zeitschrift – der Text
3. informieren – chatten – surfen – speichern – löschen

Endlich Wochenende

1 Was machen die Leute? Ergänzen Sie.

> Picknick machen – einkaufen – spazieren gehen – tanzen – Freunde treffen – essen gehen

_____

_____

_____

_____

_____

_____

2 Wiederholung – Wo kann man ...? Schreiben Sie.

> der Park – die Disko – das Kaufhaus – der Garten – das Restaurant – das Café

1. Wo kann man etwas essen? *Im Café oder* _____

2. Wo kann man Picknick machen? _____

3. Wo kann man gut einkaufen? _____

4. Wo kann man tanzen? _____

3a Was macht Frau Pazzi samstags, was macht sie sonntags? Hören Sie und ergänzen Sie: *Sa* für *samstags* und *So* für *sonntags.* 🔊 11

◯ **A** ins Kino gehen   ◯ **C** Freunde treffen   ◯ **E** ein Buch lesen

(Sa) **B** für den Deutschkurs lernen   ◯ **D** spazieren gehen   ◯ **F** kochen

3b Was macht Frau Pazzi am Wochenende? Schreiben Sie.

Samstags lernt sie zuerst für den Deutschkurs. Dann _____

_____

Sonntags _____

_____

A   Wohin gehen wir?

4a   Wohin geht Jan? Schreiben Sie.

die ~~Stadt~~ – das Fußballstadion – die Disko – das Café

1.   _Jan geht in die Stadt._

2. _____

3. _____

4. _____

4b   Jan schreibt eine E-Mail an seine Freundin Emma. Lesen Sie und korrigieren Sie.

Cc:	
Betreff:	
Anlagen:	*keine*

Hallo Emma,

ich bin schon zwei Tage in Berlin. Hier kann man wirklich viel machen. Gestern bin ich
in die Stadt
~~in den Zoo~~ gegangen. Danach bin ich ~~in die Bibliothek~~ gegangen und habe dort Zeitung

gelesen und Kaffee getrunken. Am Abend bin ich ~~ins Kino~~ gegangen, dort habe ich Joachim

kennengelernt. Heute sind wir ~~in den Park~~ gegangen und haben ein Fußballspiel gesehen.

Jetzt bin ich müde und gehe ins Bett.

Liebe Grüße
dein Jan

4c   Wohin ist Jan gegangen? Schreiben Sie die E-Mail richtig.

Hallo Emma,
ich bin schon zwei Tage in Berlin. Hier kann man wirklich viel machen. Gestern

5a Was sehen Sie auf dem Bild? Ordnen Sie zu.

> das Messer –
> der Löffel –
> die Gabel –
> der Teller –
> das Glas –
> die Serviette –
> die Blumen

_____

_____

_____

_____

_____

_____

_____

5b Wo sind die Gegenstände? Schreiben Sie.

Das Messer ist neben _____

_____

_____

_____

6 Wo oder wohin? Schreiben Sie Sätze.

1

Die Katze springt zwischen die Stühle.

Die Katze steht zwischen _____

2

Die Katze läuft _____

Die Katze liegt _____

3

_____

_____

4

_____

_____

7 Ergänzen Sie die Tabelle.

	der Tisch	die Bank	das Glas	die Stühle (Pl.)
wo?	unter dem Tisch	auf	neben	zwischen
wohin?	unter	auf	neben	zwischen

8 Ein langer Tag! Was ist falsch? Streichen Sie.

Gestern ist Melissa um neun Uhr in den Deutschkurs / im Deutschkurs gegangen. Am Nachmittag ist sie mit ihrer Freundin an den See / am See gefahren. Im Strandcafé haben sie auf die Terrasse / auf der Terrasse einen Cappuccino getrunken. Dann sind sie ins Kino / im Kino gefahren. Ins Kino / Im Kino haben sie Freunde getroffen. Später sind sie in die Disko / in der Disko gegangen.

9 Wo waren Sie gestern? Wohin gehen Sie morgen? Schreiben Sie vier Sätze.

_____

_____

_____

B   Bis Sonntag!

10 Im Kurs. Ergänzen Sie *Ja, Nein* oder *Doch*.

1. ◖ Kannst du mir dein Wörterbuch geben?

   ◖ _____, ich habe es zu Hause vergessen. Hast du die Übung nicht verstanden?

   ◖ _____, aber ich weiß nicht, was das Wort *Rechnung* bedeutet.

2. ◖ Hast du kein Heft? Ich kann dir ein Blatt geben.

   ◖ _____, gern. Hast du vielleicht auch noch einen Stift?

   ◖ _____, ich habe nur einen. Sag mal, hast du auch kein Deutschbuch?

   ◖ _____, natürlich. Hier ist es!

11 Textkaraoke. Hören Sie und sprechen Sie die 😊-Rolle im Dialog. 🔊 12

🗣 …

😊 Ja. Was wollen wir machen?

🗣 …

😊 Doch. Was läuft denn?

🗣 …

😊 Doch, ich habe ihn schon letzte Woche gesehen.

🗣 …

12 Ergänzen Sie den Dialog.

◖ Max, heute Abend läuft im Kino *Krieg der Sterne*.

Was meinst du?

◖ Ach, ich weiß nicht ...

Doch (3x) – kein – nicht – keine

◖ Hast du _____ Lust?

◖ _____, aber ich mag den Film nicht.

◖ Oder wir können in das neue mexikanische

Restaurant essen gehen.

◖ Ach, ich weiß nicht ...

◖ Magst du _____ mexikanisches Essen?

◖ _____, aber ich habe keinen Hunger.

◖ Ich verstehe, du willst _____ mit mir weggehen.

◖ _____, aber mein Tag war anstrengend.

Wir können auch zu Hause einen Film sehen.

◖ Ich weiß nicht ...

13 Lesen Sie die SMS und schreiben Sie eine Antwort.

Verfassen Aa T9

Hallo, gehen wir morgen nach dem Deutschkurs in die Stadt? Oder hast du keine Zeit? LG Max

Sie haben Zeit. Aber Sie möchten lieber ins Schwimmbad gehen.

_____

_____

_____

14 Im Restaurant: *bestellen, bezahlen* oder *reservieren*? Ordnen Sie zu.

1. _____ 2. _____ 3. _____

◖ Ich hätte gern einen Tisch.
◖ Für wie viele Personen?
◖ Für zwei. Am Freitag.

◖ Möchten Sie bestellen?
◖ Ja. Ich hätte gern ...

◖ Die Rechnung, bitte.
◖ Zusammen oder getrennt?
◖ Getrennt, bitte.

15 Hören Sie und kreuzen Sie an: Welche Antwort passt? 🔊 13

1. Die Gäste hatten ...
○ **A** zweimal Pizza und zweimal Salat.
○ **B** zweimal Pizza und einen Salat.

2. Die Gäste hatten ...
○ **A** zweimal Rotwein.
○ **B** einen Rotwein und ein Bier.

3. Die Gäste bezahlen ...
○ **A** 30 Euro.
○ **B** 28,50 Euro.

16 Dialoge im Restaurant. Was passt? Ordnen Sie zu.

> Wir möchten gern bestellen. – Ich möchte zahlen, bitte. – Was ist das: Matjesfilet? –
> Stimmt so. – Ich nehme das Gulasch mit Kartoffeln. – Ein Mineralwasser, bitte.

1. ◖ _____

   ◖ Gern.

2. ◖ Was hätten Sie gern?

   ◖ _____

   ◖ Das ist ein Fisch, sehr lecker.

   ◖ Fisch mag ich nicht. _____

   _____

   ◖ Was möchten Sie trinken?

   ◖ _____

3. ◖ _____

   ◖ Ja, das macht zusammen 12,70 Euro.

   ◖ 15 Euro. _____

17 Kreuzworträtsel: Speisen und Getränke. Was ist das? Ergänzen Sie.

C   Was machen wir am Sonntag?

18a Der Sonntag bei Familie Öszelik. Lesen Sie die Anzeigen und kreuzen Sie an: Welche Anzeigen passen für die ganze Familie?

SONNTAG **2. 8.**   M

❶ Run 'n' Rock
○ Landschaftspark Duisburg-Nord, Sinterplatz, 10.00 Uhr Läufe für Kinderzentrum Ruhrgebiet, Musik, Spiel und Spaß für die ganze Familie

❸ Zoosafari
○ Zoo Duisburg 15.00 Uhr Mülheimer Str. 273 Öffnungszeiten: 9.00 – 18.00 Uhr

❷ 24. Duisburger Weinfest
○ Weine aus ganz Deutschland Innenstadt, Königsallee 18.00 bis 23.00 Uhr

❹ Sportpark Flohmarkt
○ Informationen unter 0203-305309 MSV-Arena, 15.00 – 18.00 Uhr

18b Fragen an die Stadtzeitung. Hier sind die Antworten, schreiben Sie die Fragen.

1. _____? Die Zoosafari fängt um drei Uhr an.

2. _____? Der Flohmarkt ist in der MSV-Arena.

3. _____? Das Weinfest ist von 18.00 bis 23.00 Uhr.

4. _____? Im Landschaftspark gibt es Musik und Spiele für die ganze Familie.

18c Was macht Familie Öszelik? Hören Sie und kreuzen Sie an: richtig oder falsch? 🔊 14

		R	F
1.	Familie Öszelik geht am Sonntag zum Flohmarkt.	○	○
2.	Herr Öszelik möchte eine Lampe kaufen.	○	○
3.	Familie Öszelik will in den Landschaftspark.	○	○
4.	Sie haben für den Landschaftspark nur am Nachmittag Zeit.	○	○

19 Flüssig sprechen. Hören Sie zu und sprechen Sie nach. 🗣 15

1. gegangen. – ins Café gegangen. – Er ist ins Café gegangen.
2. im Café. – ist nicht mehr im Café. – Aber er ist nicht mehr im Café.
3. gegangen. – in den Park gegangen. – Sie ist in den Park gegangen.
4. im Park. – ist nicht mehr im Park. – Aber sie ist nicht mehr im Park.

20   Lesen Sie die E-Mail und beantworten Sie die Fragen.

Cc:
Betreff:
Anlagen: *keine*

Schriftart ▾ Schriftgr ▾   F .K U T

Liebe Elena,

ich bin jetzt schon einen Monat in Düsseldorf. Die Stadt ist sehr groß und interessant. Sonntags gehe ich oft am Rhein spazieren. Hier gibt es viele Restaurants und im Sommer auch ein Open-Air-Kino. Gestern war ich in einem Strandcafé und habe einen Milchkaffee getrunken. Am letzten Sonntag waren in der Altstadt viele Straßenmusiker. Das war wirklich toll. Heute war ich zu Hause. Ich habe für meine Deutschprüfung gelernt.
Wie geht es dir? Was machst du am Wochenende? Kommst du mich besuchen?
Liebe Grüße
Gideon

---

1.   Wie lange ist Gideon schon in Düsseldorf? _____

2.   Was macht Gideon sonntags? _____

3.   Wo war Gideon am letzten Sonntag? _____

4.   Warum war Gideon heute zu Hause? _____

21   Antworten Sie Gideon. Schreiben Sie zu jedem Punkt einen Satz.

- Sie kennen Düsseldorf nicht, aber Sie möchten die Stadt kennenlernen.
- Schreiben Sie über Ihre Sonntage. Was machen Sie sonntags gern?
- Sie möchten Gideon besuchen. Bald ist der Deutschkurs zu Ende. Dann haben Sie Zeit.

Cc:
Betreff:
Anlagen: *keine*

Schriftart ▾ Schriftgr ▾   F   K   U   T

Lieber Gideon,

vielen Dank für deine E-Mail. Ich kenne _____

_____

Sonntags _____

_____

Mein Deutschkurs ist bald zu Ende. Dann kann ich _____

_____

Viel Glück für deine Deutschprüfung und schreib schnell zurück.

Viele Grüße

_____

Wichtige Wörter

endlich _____

samstags _____

sonntags _____

A

2a Deutschtest, der, -s _____

bestehen, er hat bestanden _____

Ich habe den Test bestanden. _____

Fußballstadion, das, -stadien _____

Deutschprüfung, die, -en _____

zurück|schreiben, er hat zurückge-schrieben _____

3a Schirm, der, -e _____

Teller, der, - _____

Gabel, die, -n _____

Katze, die, -n _____

Boden, der, "- _____

Serviette, die, -n _____

Löffel, der, - _____

Messer, das, - _____

Speisekarte, die, -n _____

Gast, der, "-e _____

fallen, er fällt, er ist gefallen _____

B

1a Job, der, -s _____

doch _____

Doch, wir haben Zeit. _____

Glückwunsch, der, "-e _____

Herzlichen Glück-wunsch! _____

1b natürlich _____

4a reservieren _____

einen Tisch reservieren _____

Steak, das, -s _____

Rotwein, der, -e _____

getrennt _____

Zusammen oder getrennt? _____

Das macht ... Euro. _____

Stimmt so. _____

Für wie viele Personen? _____

5a Vorspeise, die, -n _____

Hauptspeise, die, -n _____

Nachspeise, die, -n _____

Apfelstrudel, der _____

Weißwein, der, -e _____

C

1a erst _____

verbringen, er hat verbracht _____

Fitnessstudio, das, -s _____

Schwiegereltern, die Pl. _____

voll _____

Das Haus ist voll. _____

_____

_____

_____

Wörter lernen

22 Im Restaurant. Was sehen Sie? Schreiben Sie die Wörter mit Artikel.

der Kellner _____

_____

_____

_____

_____

_____

_____

_____

23 Ergänzen Sie die Sätze.

reserviert – bestellen – Speisekarte

getrennt oder zusammen – macht – stimmt so – Rechnung

◖ Guten Tag , wir haben _____ .

◗ Ah ja, der Tisch am Fenster. Bitte schön.

◖ Danke. Die _____ , bitte.

◗ Hier. Möchten Sie schon die Getränke

_____ ?

◖ Ja gern, eine Flasche Mineralwasser.

◖ Die _____ bitte!

◗ Gern. Zahlen Sie _____

_____ ?

◖ Zusammen.

◗ Das _____ 23,80 €.

◖ 25 €, _____ .

24 Was passt zusammen? Verbinden Sie. Schreiben Sie dann Sätze.

den Sonntag **1** ○   ○ **A** feiern
ein Fest **2** ○   ○ **B** verbringen
die Prüfung **3** ○   ○ **C** gehen
ins Fitnessstudio **4** ○   ○ **D** einladen
Verwandte **5** ○────────○ **E** bestehen

Morgen lade ich Verwandte zum Kaffee ein.

_____

_____

_____

_____

25 Wörter hören und nachsprechen. Hören Sie zu und sprechen Sie nach. 🔊 16

1. die Prüfung – die Deutschprüfung – das Stadion – das Fußballstadion
2. die Serviette – der Job – das Steak
3. reservieren – bezahlen – zusammen – getrennt

1a Schule. Finden Sie zehn Wörter und schreiben Sie die Wörter mit Artikel.

B	R	I	D	P	E	Ö	K	U	N	L	E	H
H	A	U	S	A	U	F	G	A	B	E	N	S
E	H	F	R	U	S	G	Y	Z	I	H	O	C
I	L	E	Ü	S	C	H	Ü	L	E	R	T	H
P	Ä	R	G	E	S	H	I	M	V	E	E	U
A	N	I	M	M	D	C	E	Ö	U	R	N	L
L	I	E	B	L	I	N	G	S	F	A	C	H
S	U	N	T	E	R	R	I	C	H	T	J	O
D	E	U	M	U	S	I	K	A	L	O	A	F

1. *das Lieblingsfach*
2. _____
3. _____
4. _____
5. _____
6. _____
7. _____
8. _____
9. _____
10. _____

1b Wählen Sie fünf Wörter aus 1a aus und schreiben Sie Sätze mit den Wörtern.

1. *Mein Lieblingsfach war Biologie.* _____
2. _____
3. _____
4. _____
5. _____

2 Welche Fächer sind das? Ordnen Sie zu.

> Deutsch – Mathematik – Biologie – Englisch – Geschichte – Kunst

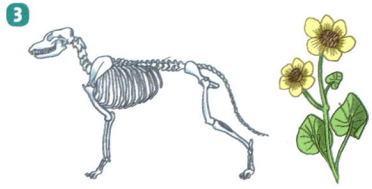

_____   _____   _____

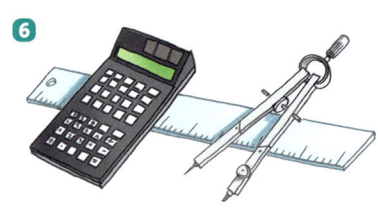

_____   _____   _____

A Schulen in Deutschland

3a Was passt? Ordnen Sie zu.

> die Grundschule – die Berufsschule – die Realschule – die Kita

_____   _____   _____   _____

3b Die Schulzeit von Mareike. Schreiben Sie Sätze.

> in die Berufsschule – ~~in die Kita~~ – in die Realschule – in die Grundschule

Mareike ist zuerst in die Kita gegangen. Dann _____

_____

_____

4 Die Mutter von Jens erzählt. Hören Sie und kreuzen Sie an: richtig oder falsch? 🔊 17

		R	F
1.	Jens geht in die Grundschule.	O	O
2.	In Mathematik hat er gute Noten.	O	O
3.	Jens möchte Arzt werden.	O	O

5a Was passt zusammen? Verbinden Sie die Sätze.

Wenn er eine Zwei in Mathe hat, **1** o   o **A** verdient er gut.

Wenn er studieren will, **2** o   o **B** dann kann er aufs Gymnasium gehen.

Wenn er Arzt werden will, **3** o   o **C** muss er studieren.

Wenn er Arzt ist, **4** o   o **D** dann muss er gute Noten haben.

5b Schreiben Sie die Sätze aus 5a.

1. _Wenn er eine Zwei in Mathe_ _hat_ _, dann_ _kann_ _____

2. _____ , _____

3. _____ , _____

4. _____ , _____

6 Sätze mit *wenn*. Ergänzen Sie die Verben.

1. Kevin macht eine Ausbildung. Er geht in die Berufschule.

   Wenn Kevin eine Ausbildung _____, dann _____ er in die Berufsschule.

2. Erol schafft das Abitur. Er geht zur Universität.

   Wenn Erol das Abitur _____, dann _____ er zur Universität.

3. Corinna will das Abitur machen. Sie muss auf das Gymnasium gehen.

   Wenn Corinna das Abitur _____ _____, dann _____ sie auf

   das Gymnasium gehen.

4. Nico will eine Ausbildung machen. Er kann in die Realschule gehen.

   Wenn Nico eine Ausbildung _____ _____, dann _____ er in die

   Realschule gehen.

7 Schreiben Sie Sätze mit *wenn*.

> Du räumst nicht auf. – Du rufst nicht an. – Das Wetter ist schlecht. – Ich muss viel arbeiten. – Du hörst mir nicht zu.

1. *Wenn du nicht* _____, darfst du nicht fernsehen.
2. _____, bin ich traurig.
3. _____, bleibe ich zu Hause.
4. _____, trinke ich viel Kaffee.
5. _____, bin ich ärgerlich.

8 Formulieren Sie die Sätze um.

1. Wenn André krank ist, kann er den Test nachschreiben.

   André kann den Test nachschreiben, wenn er krank ist. _____

2. Wenn du einen Termin hast, kannst du eine Entschuldigung schreiben.

   _____

3. Wenn du die Stelle haben willst, kannst du in der Firma anrufen.

   _____

4. Wenn du bessere Noten haben möchtest, musst du mehr lernen.

   _____

5. Wenn du etwas nicht verstehst, kannst du den Lehrer fragen.

   _____

9 Geben Sie Tipps. Schreiben Sie.

1. müde sein / einen Kaffee trinken *Trinken Sie einen Kaffee, wenn Sie müde sind.*
2. Fieber haben / zum Arzt gehen
3. die Hose zu klein sein / weniger essen
4. nicht schlafen können / spazieren gehen
5. nicht fit sein / Sport machen

10 Was machen Sie, wenn ...? Schreiben Sie.

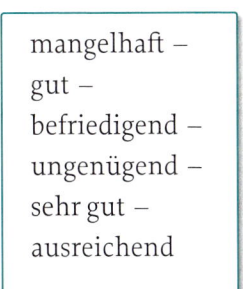

1. Sie haben Geburtstag.

   Wenn ich Geburtstag habe,

2. Am Wochenende ist das Wetter schön.

3. Sie haben einen Tag frei.

4. Ihr Kind bringt ein gutes Zeugnis nach Hause.

5. Ihr Kind hat Probleme in der Schule.

11 Noten in Deutschland. Ordnen Sie zu.

mangelhaft –
gut –
befriedigend –
ungenügend –
sehr gut –
ausreichend

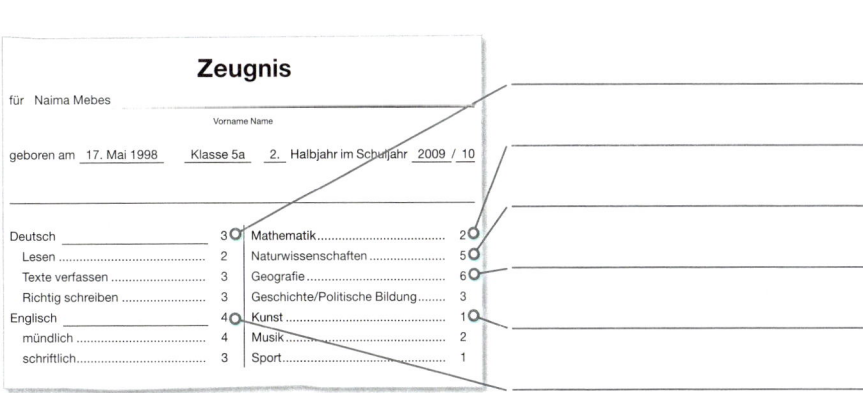

Zeugnis

für Naima Mebes

Vorname Name

geboren am 17. Mai 1998   Klasse 5a   2. Halbjahr im Schuljahr 2009 / 10

Deutsch _____ 3   Mathematik........................... 2
  Lesen 2   Naturwissenschaften 5
  Texte verfassen 3   Geografie............................. 6
  Richtig schreiben 3   Geschichte/Politische Bildung .. 3
Englisch 4   Kunst 1
  mündlich 4   Musik 2
  schriftlich........................ 3   Sport 1

12 Hören Sie und kreuzen Sie an: richtig oder falsch? 🔊 18

	R	F
1. Philipp hat eine Eins in Geschichte, aber eine Fünf in Englisch.	○	○
2. Wenn Alina das Abitur machen will, muss sie eine Drei in Deutsch haben.	○	○

B Schule früher und heute

13 Wiederholung – Modalverben. Kreuzen Sie an: Was passt?

1. ○ **A** Er kann schnell laufen.
   ○ **B** Er darf schnell laufen.

3. ○ **A** Sie muss in die Disko gehen.
   ○ **B** Sie darf in die Disko gehen.

2. ○ **A** Er will lernen.
   ○ **B** Er muss lernen.

4. ○ **A** Er will neben Nina sitzen.
   ○ **B** Er muss neben Nina sitzen.

14 Welches Verb passt? Markieren Sie.

Nach der Grundschule wollten/wollte/wolltet ich in unserem Dorf auf die Realschule gehen. Aber die Lehrerin und meine Eltern wollte/wolltet/wollten, dass ich auf ein Gymnasium in Frankfurt gehe. Deshalb musstest/mussten/musste ich jeden Morgen um halb sieben mit dem Bus in die Stadt fahren. Wir durften/durfte/durftest die Hausaufgaben nicht in der Schule machen. Heute finde ich es aber gut, dass ich Abitur machen konnten/konnte/konntet. Und jetzt studiere ich Geschichte.

15 Modalverben im Präteritum. Ergänzen Sie die Tabelle.

	wollen	dürfen	müssen	können
ich			*musste*	
du	*wolltest*			
er/es/sie/man				
wir				
ihr		*durftet*		*konntet*
sie/Sie				

16 *Dürfen, können, müssen* oder *wollen*? Ergänzen Sie die Modalverben im Präteritum.

1. ◖ Ich _____ schon mit fünf Jahren schwimmen! Wann hast du schwimmen gelernt?

   ◖ Ich _____ auch schon mit fünf Jahren einen Schwimmkurs machen. Aber ich

   _____ den Kurs nicht machen, ich hatte Angst.

2. ◖ Wir _____ früher nicht im Schulhof spielen. Das war verboten.

   ◖ Wirklich? Wir _____ in den Pausen rausgehen. Wir _____ nicht im

   Klassenzimmer bleiben.

3. ◖ Was _____ Sie Frau Peters fragen?

   ◖ Ich _____ etwas mit ihr besprechen, aber sie _____ nicht, sie hatte

   keine Zeit.

17a Die Schulzeit von Frau Sanchez. Hören Sie und kreuzen Sie an: richtig oder falsch? 🔊 19

	R	F
1. Frau Sanchez musste Hausaufgaben zu Hause machen.	○	○
2. Sie durfte nachmittags keinen Tanzkurs machen.	○	○
3. Die Eltern mussten für die Nachmittagskurse etwas bezahlen.	○	○
4. Die Schüler durften im Sommer einen Ausflug ans Meer machen.	○	○

17b Was durfte, wollte, konnte und musste Frau Sanchez machen? Hören Sie noch einmal und schreiben Sie. 🔊 19

> heiß sein / an den Strand gehen – viel lernen – verschiedene Nachmittagskurse wählen –
> Hausaufgaben in der Schule machen – am Nachmittag schwimmen gehen

1. _____

2. _____

3. _____

4. _____

5. _____

18 Und Sie? Was mussten, durften, wollten oder konnten Sie früher machen? Schreiben Sie Sätze. Benutzen Sie die Wörter im Kasten.

> mit ... Jahren – früher – damals

_____

_____

_____

19a Lesen Sie den Brief und unterstreichen Sie die Informationen zu den Fragen.

1. Wohin gehen die Schüler?
2. Wann sollen die Schüler in der Schule sein?
3. Wann ist das Theaterstück zu Ende?
4. Wie viel müssen die Schüler bezahlen?
5. Was machen die Schüler nach dem Theaterstück?
6. Wer soll den Abschnitt der Lehrerin geben?

Liebe Eltern der 6A,

am 17. 12. gehen wir in das Theaterstück „Momo". Die Eintrittskarte kostet 4 €. Ihr Kind soll um 9.00 Uhr in der Schule sein. Wir gehen dann gemeinsam ins Theater. Das Stück ist um 12.00 Uhr zu Ende.
Sie können Ihr Kind direkt vom Theater abholen. Wenn Sie Ihr Kind nicht abholen können, geht es in die Schule zurück. Bitte unterschreiben Sie dann den Abschnitt und geben ihn Ihrem Kind mit.
Mit freundlichen Grüßen

Friederike Jahn

✂ ....

Mein Kind soll nach dem Theaterstück wieder in die Schule gehen.

_____

Unterschrift

19b Beantworten Sie die Fragen in 19a. Schreiben Sie in Ihr Heft.

1. Die Schüler gehen ins Theater.

20 Welches Wort passt? Ergänzen Sie.

Ausflug – Klassenfahrt – Taschengeld – Schulfest – Elternabend

1. Eine Klasse fährt für ein paar Tage weg. Die Klasse macht eine _____.
2. Kinder bekommen oft von ihren Eltern etwas Geld, das heißt _____.
3. Eltern kommen zum _____ in die Schule und sprechen mit dem Lehrer.
4. Eine Schulklasse geht in den Zoo. Die Klasse macht einen _____.
5. Die Schüler feiern ein _____ in der Schule und laden alle Eltern ein.

21 Flüssig sprechen. Hören Sie zu und sprechen Sie nach. 🎧 ⁄20

1. Früher konnten die Schüler keine Fächer wählen. – Heute können sie viele Fächer wählen. – Früher konnten die Schüler keine Fächer wählen, heute können sie viele Fächer wählen.
2. Früher wollten nicht so viele Schüler das Abitur machen. – Heute wollen viele Schüler das Abitur machen. – Früher wollten nicht so viele Schüler das Abitur machen, heute wollen viele Schüler das Abitur machen.

22a Lesen Sie die Texte. Welcher Satz passt zu welchem Text? Ordnen Sie zu.

1. ◯ Die Schule kostet Geld.

2. ◯ Nicht alle können studieren.

3. ◯ Die Schüler machen noch am Abend Hausaufgaben.

Hui Ma (China)

Ich bin mit sechs Jahren in die Schule gekommen. Die Grundschule dauert bei uns sechs Jahre. Dann bin ich in die Mittelschule gekommen. Dort war ich drei Jahre. Die Schule hat immer um 7.30 Uhr angefangen, um 16.30 Uhr war sie zu Ende. Die sehr guten Schüler konnten mehr Unterricht bekommen, manche mussten sogar bis 21 Uhr bleiben und danach noch die Hausaufgaben machen. Aber wir hatten eine schöne Schuluniform und 14 Wochen Ferien!

Charles Matemera (Simbabwe)

Mit sechs Jahren bin ich in die Schule gekommen, mit 13 dann in die Mittelschule. Wir mussten Schulgeld bezahlen. Ich hatte gute Noten und durfte deshalb nach vier Jahren in die Oberschule. Die Schule hat um 8 Uhr angefangen. Um 13 Uhr hatten wir eine Stunde Mittagspause. Montags und mittwochs hatten wir nachmittags Sport, das war super. Dienstags und donnerstags mussten wir in der Schule sauber machen. Ferien hatten wir natürlich auch: drei Monate.

Ertan Bey (Türkei)

Mit sechs Jahren sind wir in die Schule gekommen. Wir mussten alle eine Schuluniform tragen. Fünf Jahre hat die Grundschule gedauert und drei Jahre die Mittelschule. Ich wollte studieren. Aber das war nicht so einfach, weil viele studieren wollten. Ich habe eine Ausbildung gemacht. Die Ferien sind nicht immer gleich lang: Die Grundschüler haben drei Monate Ferien, die Mittelschüler zweieinhalb.

22b Grundschulen in der ganzen Welt. Lesen Sie die Texte noch einmal und ergänzen Sie die Informationen über die Grundschule.

	China	Simbabwe	Türkei	Ihr Land
mit wie vielen Jahren?				
wie viele Jahre?				
wie lang Ferien?				

Wichtige Wörter

streng _____

freundlich _____

Fach, das, "-er _____

Lieblingsfach, das, _____
"-er

(Schul)Note, die, -n _____

Schulhof, der, "-e _____

Biologie, die _____

Geschichte, die _____

Kunst, die _____

Physik, die _____

Chemie, die _____

A
1 Grundschule, die, -n _____

Realschule, die, -n _____

Hauptschule, die, -n _____

Gymnasium, das, _____
Gymnasien

Berufsschule, die, -n _____

Universität, die, -en _____

Klasse, die, -n _____

2a mit sechs Jahren _____

Schuljahr, das, -e _____

an|melden _____

an der Schule _____
anmelden

Ausbildung, die, -en _____

eine Ausbildung _____
machen

wenn _____

Abschluss, der, "-e _____

einen Abschluss
haben

Autowerkstatt, die, _____
"-en

beide _____

Nachhilfe, die _____

Nachhilfe bekom- _____
men

Abitur, das _____

endlich _____

3 pünktlich _____

fleißig _____

erst _____

4a Langeweile, die _____

Langeweile haben _____

5 eine Eins in Ge- _____
schichte haben

B
1a wählen _____

nach|sitzen, _____
er hat nachgesessen

Klassenlehrer/in, _____
der/die, -/-nen

eine Frage stellen _____

Hauptschulab- _____
schluss, der, "-e

einen Beruf lernen _____

2a Schulzeit, die _____

3 Elternabend, der, -e _____

Klassenfahrt, die, -en _____

Klassenarbeit, die, -en _____

Schwimmunterricht, _____
der

4 Taschengeld, das _____

5a Raum, der, "-e _____

Ende, das   _____   _____

zu Ende sein   _____   _____

Abschnitt, der, -e   _____   _____

Wörter lernen

23   Schreiben Sie Wörter mit *Schule*.

> die Klasse – das Heft – ~~der Ausflug~~ – das Buch – die Tasche – der Bus – das Fest – der Hof

der Schulausflug, _____

_____

_____

24a   Kreuzen Sie an: Was passt?

	machen	besuchen	schaffen	schreiben
1. die Schule	O	O	O	O
2. das Abitur	O	O	O	O
3. den Abschluss	O	O	O	O
4. den Test	O	O	O	O
5. die Prüfung	O	O	O	O

24b   Schreiben Sie fünf Sätze mit den Wörtern aus 24a.

1.   *Sina macht das Abitur im nächsten Jahr.* _____

2. _____

3. _____

4. _____

5. _____

25   Wörter hören und nachsprechen. Hören Sie zu und sprechen Sie nach. 🔊))) 21

1. Mathematik – Biologie – Physik – Chemie
2. die Hauptschule – die Realschule – das Gymnasium
3. die Klassenfahrt – der Elternabend – das Taschengeld – der Schulabschluss

1a   Lesen Sie und ergänzen Sie.

Ich kann auf Deutsch

                            ✔   ○

1. über mein Leben in Deutschland berichten   ○ ○

Heimat und Ankunft in Deutschland: _Ich komme aus_ _____

Wohnort/Wohnorte in Deutschland: _____

Arbeit in Deutschland: _____

Freunde und Verwandte in Deutschland: _____

2. sagen, wie ich am besten Deutsch lernen kann   ○ ○

> schreiben – nachsprechen – sprechen – neue Wörter behalten – Fehler machen – Übungen machen – ausprobieren – auswendig lernen – mit Wortkarten lernen

_____ ist für mich wichtig.

Ich lerne am besten, wenn _____

Ich _____

3. meine Meinung über das Fernsehen oder das Internet sagen   ○ ○

> Viele Kindersendungen sind gut. – Kinder sehen nicht zu viel fern. – Das Internet bietet mehr Informationen als das Fernsehen. – Es gibt auch im Internet zu viel Werbung.

Ich finde, dass _____.

Ich finde es wichtig, dass _____.

Ich denke, dass _____.

Für mich ist das Internet   ○ wichtig, weil _____.

                         ○ nicht wichtig, weil _____.

Ich sehe   ○ gern fern, weil _____.

        ○ selten fern, weil _____.

4. ein E-Mail-Programm erklären   ○ ○

> auswählen – schließen – öffnen – abschicken – schreiben

Zuerst _____ man das Programm. Dann _____ man den Empfänger

_____ und _____ die Betreffzeile und danach den Text. Dann _____

man die E-Mail _____ und _____ das Programm.

5. über das Wochenende erzählen ○ ○

Samstags gehe ich _____

_____

Sonntags _____

_____

6. im Restaurant Essen und Getränke bestellen ○ ○

❮ Möchten Sie bestellen?

❮ Ja, ich _____ gern _____ .

❮ Und was möchten Sie trinken?

❮ Ich _____ .

Hähnchen	€ 9,65	Fanta/Cola/	€ 2
mit Reis		Sprite	
Steak	€ 12,95	Bier	€ 1,90
mit Pommes		Rotwein	€ 3,70
Frites			

7. Informationen über das Schulsystem in Deutschland verstehen ○ ○

> Grundschule – Hauptschule (2x) – Realschule (2x) – Gymnasium (2x) –
> Berufsschule – Universität

Mit sechs Jahren kommen die Kinder in die _____ . Danach gehen sie auf

die _____ , die _____ , das _____ oder

die Gesamtschule. Wenn sie gute Noten haben, gehen sie auf das _____ und

machen das Abitur. Danach können sie an einer _____ studieren. Nach

der _____ oder der _____ macht man eine Ausbil-

dung. Dann muss man auch die _____ besuchen.

8. von meiner Schulzeit erzählen ○ ○

In der Schule musste ich _____

Ich durfte _____

Ich wollte _____

Ich konnte _____

1b Kontrollieren Sie mit den Lösungen und markieren Sie ✔ für *kann ich* und ○ für *kann ich nicht so gut.*

Prüfungsvorbereitung DTZ: Hören

Teil 1   Sie hören vier Ansagen. Zu jeder Ansage gibt es eine Aufgabe. Welche Lösung (A, B oder C) passt am besten? Markieren Sie Ihre Lösungen auf dem Antwortbogen (s. Einleger, S.16).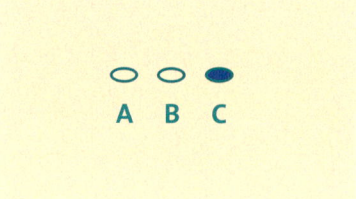

> **Beispiel:**
> Warum ruft die Firma an?
> **A** Der Kunde kann den Fernseher kaufen.
> **B** Der Kunde kann den Fernseher zur Reparatur bringen.
> **C** Der Kunde kann den Fernseher abholen.

1 Was soll Elwa machen?
- **A** Die Kinokarten reservieren.
- **B** Die Kinokarten abholen.
- **C** Um acht Uhr zum Kino kommen.

2 Sie brauchen heute einen Termin beim Arzt. Was können Sie machen?
- **A** Am Nachmittag noch einmal anrufen.
- **B** Morgen noch einmal anrufen.
- **C** Bei einer anderen Praxis anrufen.

3 Wann können Sie nach Berlin fahren?
- **A** Um 8.33 Uhr.
- **B** Um 8.20 Uhr.
- **C** Um 8.06 Uhr.

4 Sie wollen in die Innenstadt. Wo können Sie umsteigen?
- **A** An der Parkstraße.
- **B** Am Technischen Museum.
- **C** Am Hauptbahnhof.

Teil 2   Sie hören fünf Ansagen aus dem Radio. Zu jeder Ansage gibt es eine Aufgabe. Welche Lösung (A, B oder C) passt am besten? Markieren Sie Ihre Lösungen auf dem Antwortbogen (s. Einleger, S.16). ◀))) 23

5 Was hören Sie?
- **A** Einen Wetterbericht.
- **B** Eine Verkehrsmeldung.
- **C** Eine Werbung.

6 Wie wird das Wetter in Süddeutschland?
- **A** Die Sonne scheint.
- **B** Es ist windig.
- **C** Es regnet.

7 Wo ist der Stau?
- **A** Auf der A1.
- **B** Auf der A4.
- **C** Auf der A43.

8 Was gibt es heute Abend im Fernsehen?
  A Eine Sportsendung.
  B Eine Talkshow.
  C Einen Krimi.

9 Wann kann man auf dem Markt einkaufen?
  A Am Samstag.
  B Am Freitag.
  C Am Mittwoch.

Teil 3 Sie hören vier Gespräche. Zu jedem Gespräch gibt es zwei Aufgaben. Entscheiden Sie bei jedem Gespräch, ob die Aussage dazu richtig oder falsch ist und welche Antwort (A, B oder C) am besten passt. Markieren Sie Ihre Lösungen auf dem Antwortbogen (s. Einleger, S. 16). ◀)) 24

Beispiel:
Die Frau möchte einen Mantel kaufen.

Was ist richtig?
A Der Mantel kostet 44 Euro.
B Die Frau hat die Größe 44.
C Der Frau gefällt der braune Mantel nicht.

richtig falsch

A B C

10 Eine Verkäuferin spricht mit einem Kunden.

11 Was ist das Thema in dem Gespräch?
  A Der Mann ist mit dem Radio nicht zufrieden.
  B Der Mann möchte ein Radio kaufen.
  C Die Frau erklärt das Radio.

12 Herr Wagner und Herr Lischka sind Nachbarn.

13 Die Mülltonnen sind
  A kaputt.
  B sehr teuer.
  C immer voll.

14 Frau Yildirim lernt bei Frau Busch Deutsch.

15 Was soll Frau Yildirim machen?
  A Sie soll mehr Deutsch lernen.
  B Sie soll mit ihrem Sohn in die Schule kommen.
  C Sie soll Frau Busch zu Hause besuchen.

16 Herr Waldvogel besichtigt eine Wohnung.

17 Was ist richtig?
  A Dic Wohnung ist im Erdgeschoss.
  B Die Wohnung ist in der Hauptstraße.
  C Die Wohnung kostet mit Nebenkosten 450 Euro.

Am Arbeitsplatz

1   Berufe. Hören Sie und bringen Sie die Fotos in die richtige Reihenfolge. Schreiben Sie dann die Berufe zu den Fotos. 🔊 25

_____   _____   _____   _____

2   Was wollten die Leute früher werden, was sind sie heute? Hören und ergänzen Sie. 🔊 26

früher   heute

1.   _____   _____

2.   _____   _____

3.   _____   _____

3   Was wollten Sie früher werden? Welchen Beruf haben Sie heute oder welchen Beruf wollen Sie lernen? Schreiben Sie.

_____

_____

A   Im Büro

4a   Fragen am Arbeitsplatz. Schreiben Sie Fragen.

1.   heute – Sie – im Büro – wie lange – sein?

◖ _____   ◖ Heute nicht so lange, nur bis drei Uhr.

2.   wo – ich – bekommen – einen Büroschlüssel?

◖ _____   ◖ Fragen Sie doch den Hausmeister.

3.   Herr Boie – kommen – heute – wann?

◖ _____   ◖ Herr Boie? Ich denke, erst um zehn Uhr.

4.   kommen – warum – Sie – so spät?

◖ _____   ◖ Der Bus hatte Verspätung.

4b Schreiben Sie die Fragen aus 4a anders.

1. Darf ich fragen, _wie lange Sie heute im Büro sind?_ _____

2. Können Sie mir sagen, _____

3. Wissen Sie, _____

4. Können Sie mir sagen, _____

5 Polizeikontrolle. Schreiben Sie indirekte Fragen.

1. wie schnell – Sie – sind – gefahren?

   Wissen Sie, _____

2. Sie – nicht sofort – haben – angehalten – warum?

   Können Sie mir erklären, _____

   _____

3. Sie – den Führerschein – wann – haben – gemacht?

   Können Sie mir sagen, _____

4. Sie – haben – in der Tasche – was?

   Darf ich fragen, _____

6 Schreiben Sie die Fragen anders.

1. Können Sie mir sagen, wer angerufen hat?   _Wer hat angerufen?_ _____

2. Darf ich fragen, warum ihr so lange telefoniert habt?   _____

3. Wissen Sie, wann er morgen kommt?   _____

4. Darf ich fragen, wie alt Sie sind?   _____

7a Das Verb *wissen*. Ergänzen Sie.

1. Im Kindergarten

◖ _____ ihr, wer ein Flugzeug steuert?

◖ Ich _____ es! Das ist der Pilot!

◖ Richtig, Dominik. _____ du auch,

   wer Flugzeuge baut?

◖ Hmm ... Das _____ ich nicht.

2. Im Büro

◖ _____ Sie, wann der Kollege kommt?

◖ Nein, das _____ ich leider nicht. Aber

   Frau Garb _____ es bestimmt.

◖ Vielleicht _____ es auch Frau Fink

   und Herr Weimass?

7b Ergänzen Sie.

ich	*weiß*	wir	
du		ihr	
er/es/sie/man		sie/Sie	

8 Schreiben Sie Fragen und Antworten.

> Kannst du / Können Sie mir sagen, … – Weißt du / Wissen Sie, … – Darf ich fragen, …

1. wo – sein – Herr Müller?   die Kantine
   ◖ *Wissen Sie, wo Herr Müller ist?* _____   ◖ *Ja, er ist in der Kantine.*

2. wie lange – dauern – der Film?   20.00 – 22.00 Uhr
   ◖ _____   ◖ _____

3. wohin – in Urlaub fahren – Sie?   Frankreich
   ◖ _____   ◖ _____

4. wie viel – kosten – das Auto?   25.000 Euro
   ◖ _____   ◖ _____

5. wann – anfangen – das Quiz?   20.15 Uhr
   ◖ _____   ◖ _____

9 Schreiben Sie Fragen und Antworten.

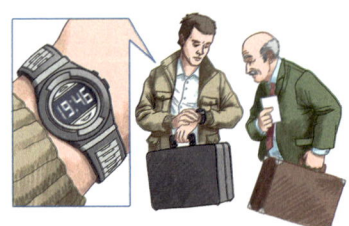

◖ *Wissen Sie,* _____
_____
◖ _____
_____

◖ _____
_____
◖ _____
_____

◖ _____
_____
◖ _____
_____

B   Mitteilungen

10   Mitteilungen lesen. Lesen Sie und unterstreichen Sie die Antworten im Text.

> Hallo Frau Merkelmann,
> Herr Neumann hat angerufen. Er kann morgen nicht
> kommen, weil er einen Termin in Hamburg hat. Er ruft
> Sie am Donnerstag noch einmal an.
> Viele Grüße
> Ute Kröger

1. Warum hat Herr Neumann morgen keine Zeit?
2. Wann ruft er wieder an?

11   *Helfen* + Dativ. Ergänzen Sie die Pronomen.

1. Frau Michels hat wenig Zeit. Können Sie _____ helfen?

   ihm – ihr – ihnen

2. Herr Kuhl will sein Auto reparieren. Kannst du _____ helfen?

3. Die Kinder verstehen die Hausaufgaben nicht. Kannst du _____ helfen?

12   Pronomen im Dativ. Ergänzen Sie.

> mir – mir – dir – ihr – ihm – uns – euch – Ihnen – ihnen

1. ◖ Kannst du _____ das Buch geben?   ◖ Ich habe _____ das Buch doch gegeben!

2. ◖ Gehst du zum Bäcker? Bringst du _____ Kuchen mit?

   ◖ Ich bringe _____ etwas mit, wenn ihr _____ Geld gebt.

3. ◖ Anna und Marco waren heute im Kino.   ◖ Und hat _____ der Film gefallen?

4. ◖ Herr Bub hat hier seinen Füller vergessen.   ◖ Der gehört nicht _____, der gehört Paul.

5. ◖ Haben Sie die E-Mail an Frau Natusch geschrieben?

   ◖ Ja, ich habe _____ die E-Mail schon gestern geschickt.

6. ◖ So, jetzt habe ich die Tür repariert.   ◖ Das ist sehr nett. Ich danke _____, Herr Mazanke.

13   Pronomen im Nominativ, Dativ oder Akkusativ? Ergänzen Sie.

◉

> sie – sie – sie – ihn – ihr – ihm – er

Felicia Santos-Schmidt kommt aus Spanien. _____ lebt jetzt in Hamburg,

denn ihr Mann Jochen ist Deutscher. Felicia hat _____ in Spanien kennen-

gelernt. Jochen war dort im Urlaub. Im Mai haben _____ geheiratet. Felicia

ist gern in Deutschland. Das Land gefällt _____, auch Hamburg mag

_____. Jochen möchte lieber in München wohnen, denn _____ gefällt die

Stadt besser als Hamburg. _____ sucht jetzt eine Arbeit in München.

14 Mitteilungen schreiben. Ordnen Sie zu und ergänzen Sie die Textteile.

> Lieben Gruß – einen Tisch im Restaurant reservieren. Könnten Sie das bitte machen? – Liebe Frau Luttich, – in die Disko. Kommst du mit?

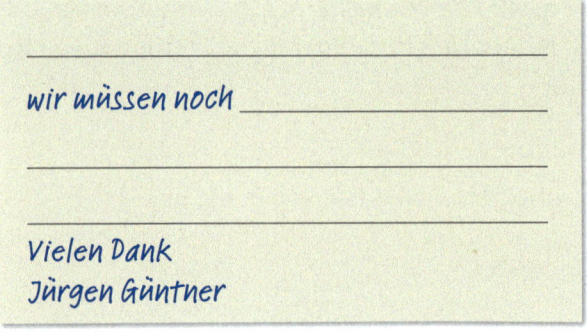

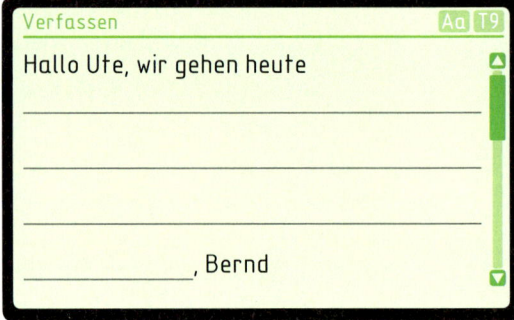

15 Schreiben Sie zwei Mitteilungen in Ihr Heft.

1. Der Briefträger hat bei Ihnen ein Paket für Ihre Nachbarin abgegeben. Ihre Nachbarin kann das Paket morgen abholen.

2. Sie arbeiten am Computer und verstehen das Computerprogramm nicht. Sie bitten einen Kollegen, dass er Ihnen hilft.

Liebe Frau Melk,

16 Markus Pech hat den Zug verpasst. Schreiben Sie eine SMS zu dem Bild.

C Wie funktioniert das?

17 Welcher? Dieser! Was passt? Verbinden Sie.

Welcher Kopierer ist kaputt? **1** ○   ○ **A** Diese hier.
Welche Taste ist die Start-Taste? **2** ○   ○ **B** Dieses hier.
Welche Fächer sind für das A4-Papier? **3** ○   ○ **C** Dieser hier.
Welches Papier gehört in das große Fach? **4** ○   ○ **D** Diese hier.

18   Ergänzen Sie die Antwort wie im Beispiel.

1.   Welches Kleid ist gelb?

Dieses. _____ _____

2.   Welche Schuhe sind schwarz?

_____ _____

3.   Welcher Rock ist blau?

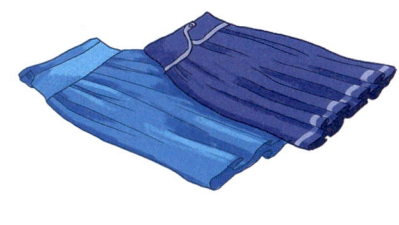

_____ _____

4.   Welche Bluse ist weiß?

_____ _____

19   *Welch-* und *dies-* im Nominativ und Akkusativ. Ergänzen Sie.

welchen – ~~welche~~ – welches – dieses – ~~diese~~ – diese – dieser – diesen – diesen

1. ◖ Also, _welche_ Hose nimmst du jetzt?

◖ Vielleicht _diese_ hier.

◖ Einverstanden. Und _____

Hemd gefällt dir?

◖ _____ hier.

◖ Gut, dann nehmen wir es auch.

2. ◖ Was ziehst du heute Abend an?

◖ Ich ziehe _____ Anzug und

_____ Schuhe an.

◖ Ach, _____ Anzug gefällt mir

nicht. Ich finde _____ hier

schöner!

◖ _____?

◖ Den blauen natürlich!

20   Eine Bedienungsanleitung. Was macht man wo? Verbinden Sie.

○ **1.** Hier drückt man, wenn man telefonieren will.

○ **2.** Hier drückt man, wenn man das Gespräch
beenden will.

○ **3.** Hier speichert oder wählt man die Nummern.

○ **4.** Hier steuert man das Menü.

D Situationen am Arbeitsplatz

21 Ordnen Sie und schreiben Sie die Dialoge.

> Ja, gut. Gehen Sie zum Arzt? – ~~Autohaus König, Reinhard Neuner.~~ – Ja, ich schicke dann eine Krankschreibung. – Guten Morgen, Herr Neuner, hier ist Luisa Rein. Ich bin krank und bleibe heute zu Hause. – Vielen Dank! – Gut, dann gute Besserung!

> ~~Herr Ehlich, ist die Milch schon im Regal?~~ – Ja, bitte. – Dann machen Sie es jetzt, bitte. – Nein, ich hatte noch keine Zeit. Ich war an der Kasse. – Soll ich danach wieder an die Kasse gehen?

Dialog 1

◦ _Autohaus König, Reinhard Neuner._

◦ _____

_____

◦ _____

◦ _____

◦ _____

◦ _____

Dialog 2

◦ _Herr Ehlich, ist die Milch schon im Regal?_

◦ _____

_____

◦ _____

◦ _____

◦ _____

◦ _____

22 In der Cafeteria. Ergänzen Sie den Dialog.

> In Hamburg war es nicht schlecht, aber hier ist es interessanter. – Entschuldigung, ist der Platz noch frei? – Nein, früher habe ich in der Abteilung in Hamburg gearbeitet. – Ich heiße Doreen Berten.

◦ _____

◦ Ja. Ich habe Sie hier noch nicht gesehen. Sind Sie neu in der Firma?

◦ _____

◦ Und wo gefällt es Ihnen besser? Hier in Berlin oder in Hamburg?

◦ _____

◦ Übrigens, mein Name ist Angela Birkel.

◦ _____

◦ Wenn Sie Fragen haben, helfe ich Ihnen gern.

23 Flüssig sprechen. Hören Sie zu und sprechen Sie nach. 🔊)) 27

1. den Termin verschieben. – wir müssen den Termin verschieben. – Es tut mir leid, wir müssen den Termin verschieben.
2. in Ihr Büro kommen. – um 10:15 Uhr in Ihr Büro kommen. – Ich kann morgen um 10:15 Uhr in Ihr Büro kommen.

24 Betriebsausflug. Lesen Sie den Text und beantworten Sie die Fragen.

Cc:

Betreff: Betriebsausflug

Anlagen: *keine*

Schriftart ▾ | Schriftgr ▾ | F K U T

Liebe Kollegen und Kolleginnen,

es ist wieder Sommer und wie jedes Jahr findet unser Betriebsausflug statt.
Am 17.7. bleibt die Firma geschlossen. Treffpunkt ist der Bahnhof, Gleis 4,
um 9.00 Uhr. Wir fahren nach Baden-Baden und besuchen das Burda
Museum. Um 13.00 Uhr gibt es Mittagessen im Restaurant Sterntaler. Nach
dem Mittagessen machen wir noch einen Spaziergang durch die Stadt und
fahren um 17.00 Uhr zurück.
Den Eintritt für das Museum (7 Euro) müsst ihr selbst bezahlen. Das Essen
im Restaurant zahlt die Firma.
In der Küche ist eine Liste. Tragt dort bis Freitag eure Namen ein, wenn ihr
mitkommen wollt.

Viele Grüße
Steffi

1. Wann findet der Betriebsausflug statt? _____

2. Wohin fahren die Kollegen? _____

3. Was besichtigen sie? _____

4. Wer bezahlt das Essen im Restaurant? _____

5. Was machen sie am Nachmittag? _____

25 Meinungen über Betriebsausflüge. Welche Aussagen passen?
Hören Sie und ordnen Sie zu. 🔊 28

◯ **A** Der letzte Betriebsausflug war interessant.

① **B** Bei einem Betriebsausflug kann man die Kollegen besser kennenlernen.

◯ **C** Betriebsausflüge sind langweilig.

◯ **D** Betriebsausflüge sind nur gut, wenn auch die Chefs mitkommen.

Wichtige Wörter

Arbeitsplatz, der, "-e _____

Erzieher/in, der/die, _____
-/-nen

Kfz-Mechatroniker/ _____
in, der/die, -/-nen

Pilot/in, der/die, _____
-en/-nen

Florist/in, der/die, _____
-en/-nen

überprüfen _____

reparieren _____

steuern _____

kontrollieren _____

Blumenstrauß, der, _____
"-e

binden, er hat _____
gebunden

Busfahrer/in, der/ _____
die, -/-nen

Polizist/in, der/die, _____
-en/-nen

werden, er wird, _____
er ist geworden

Er möchte Pilot _____
werden.

A
3 wissen, er weiß, er _____
hat gewusst

Beleg, der , -e _____

Ordner, der, - _____

4 leid|tun, es tut leid, _____
es hat leidgetan

(Es) Tut mir leid. _____

selbstverständlich _____

5a höflich _____

B Mitteilung, die, -en _____

1 Bericht, der, -e _____

besprechen, er _____
bespricht, er hat
besprochen

installieren _____

Bescheid sagen _____

Sag mir Bescheid. _____

Prospekt, der, -e _____

an|schauen _____

Betriebsversamm- _____
lung, die, -en

Betriebsrat, der, "-e _____

verschieben, er hat _____
verschoben

einen Termin _____
verschieben

Mitarbeiter/in, der/ _____
die, -/-nen

Könnten Sie ...? _____

Könntest du ...? _____

3 zeigen _____

Werkstatt, die, "-en _____

4a Post, die _____

5 Besprechung, die, _____
-en

Notiz, die, -en _____

C
1a Kopierer, der, - _____

1b Taste, die, -n _____

dieser, dieses, diese _____

Fach, das, "-er _____

2a Knopf, der, "-e _____

		D	
2b ein|schalten	_____	1b ein|räumen	_____
aus|schalten	_____	2a Platz nehmen	_____
Menü, das, -s	_____	2b Spedition, die, -en	_____
drücken	_____		
Man drückt diese Taste.	_____		_____
			_____

Wörter lernen

26a Berufe. Finden Sie sechs Berufe. Schreiben Sie auch die Form für Frauen dazu.

E	M	Z	B	U	F	A	H	E	P	I	L	A
W	E	D	U	I	K	L	V	N	O	Ä	H	T
E	R	Z	S	I	Y	F	O	R	L	U	S	T
I	Z	U	F	P	O	L	I	P	I	L	O	T
M	I	N	A	L	H	O	G	U	Z	A	R	V
M	E	C	H	A	T	R	O	N	I	K	E	R
A	H	G	R	B	T	I	B	U	S	F	H	R
N	E	Z	E	X	Y	S	R	P	T	O	N	M
N	R	A	R	U	M	T	K	Ö	N	F	R	A

1. _der Pilot_ / _die Pilotin_
2. _____ / _____
3. _____ / _____
4. _____ / _____
5. _____ / _____
6. _____ / _____

26b Wer macht was? Ordnen Sie die Berufe aus 26a zu.

1. Kinder betreuen: _____
2. ein Flugzeug steuern: _____
3. Verkehrskontrollen

   machen: _____
4. Autos reparieren: _____
5. Blumensträuße binden:

   _____
6. Bus fahren: _____

27 Welches Verb passt? Ordnen Sie zu. Manchmal gibt es mehrere Möglichkeiten.

> lesen – schreiben – sagen – verschieben – ausfüllen

1. eine Mitteilung _____
2. ein Formular _____
3. Bescheid _____
4. einen Termin _____

28 Wörter hören und nachsprechen. Hören Sie zu und sprechen Sie nach. 🔊)) 29

1. der Ingenieur – die Pilotin – der Polizist – die Erzieherin
2. der Prospekt – die Notiz – die Kopie – das Menü – die Funktion
3. besprechen – Bescheid sagen – reparieren – selbstverständlich

1a   Wie wohnen die Leute hier? Schreiben Sie Sätze.

> der Garten – der Balkon – zentral – außerhalb – ruhig – laut – der Spielplatz –
> in einem Haus – der Hof – in der Innenstadt – das Geschäft

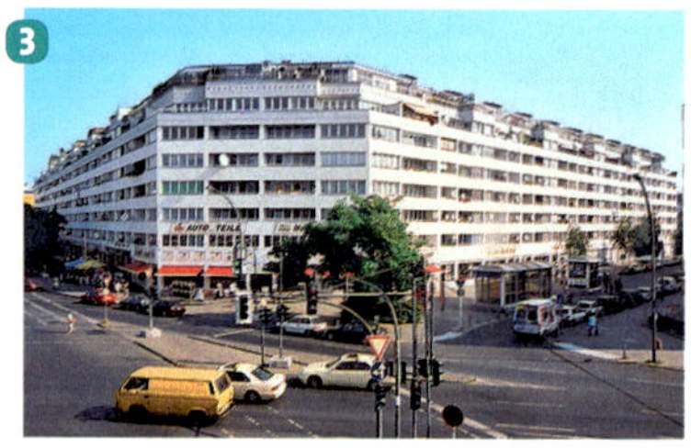

1. _____

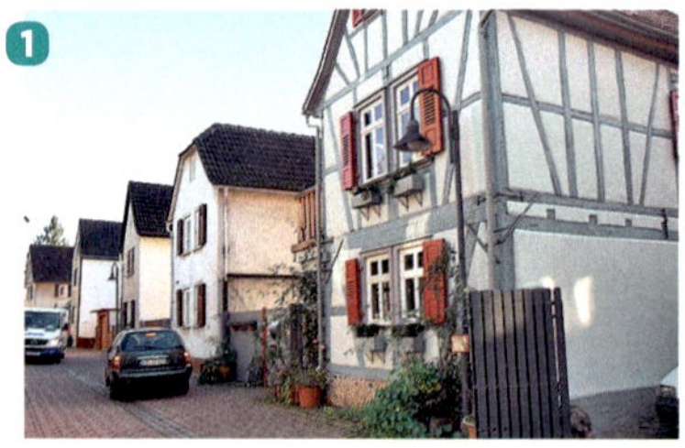

_____

2. _____

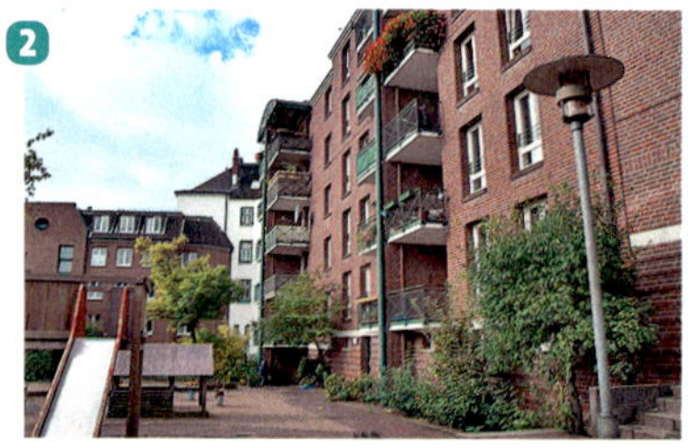

_____

3. _____

_____

1b   Wo wohnen die Familien? Hören Sie und ordnen Sie die Fotos aus 1a zu. 🔊 30

○ Familie Bach   ○ Familie Kaven   ○ Familie Müller

1c   Hören Sie noch einmal. Warum gefällt den Familien ihre Wohnung / ihr Haus? Schreiben Sie
für jede Familie zwei Sätze mit *weil*. 🔊 30

1. Familie Bach findet ihre Wohnung gut, weil _____

_____

2. Familie Kaven gefällt ihre Wohnung, weil _____

_____

3. Familie Müller wohnt gern auf dem Land, weil _____

_____

2   Wo wohnen die Leute? Ergänzen Sie die Artikel.
⊙

1. ◖ Wohnen Sie in ein____ Großstadt?   ◖ Nein, wir wohnen in ein____ Dorf.

2. ◖ Wohnen Sie in ein____ Reihenhaus?   ◖ Nein, wir wohnen in ein____ Wohnung in

ein____ Hochhaus.

3. ◖ Wohnen Sie auf d____ Land?   ◖ Nein, wir wohnen in d____ Innenstadt.

3 Wiederholung – Komparativ. Wie ist das Leben in der Stadt und auf dem Land? Vergleichen Sie und schreiben Sie Sätze in Ihr Heft.

> die Wohnungen sind günstig – es gibt viele Geschäfte – man findet leicht Arbeit – man kann gut ausgehen – die Wohnungen sind gut – die Wohnungen sind teuer – es ist ruhig – die Straßen sind sauber – man kann gut einkaufen – die Kinder können gut spielen

> *Auf dem Land sind die Wohnungen günstiger als in der Stadt.*
> *In der Stadt sind die Wohnungen genauso gut wie auf dem Land.*

4 Wie wohnen Sie? Schreiben Sie vier Sätze.

_____

_____

_____

_____

A Eine Wohnung suchen

5a Abkürzungen verstehen. Lesen Sie die Anzeigen und ordnen Sie zu.

> Nebenkosten – Kaltmiete – Monatsmieten – Erdgeschoss – 1. Stock (= 1. Obergeschoss) – Zimmer – Einfamilienhaus – Einbauküche – Quadratmeter – Balkon – Zentralheizung – Warmmiete

3-Zi-Wohnung in EFH, 72 qm,
1. OG, BLK und EBK, KM 450 €,
150 € NK, Chiffre 2341

5 Zimmer im EG, Terrasse und
Garten, 120 m², ZH, WM 810 €,
3 MM Kaution, Tel. 0331252350

5b Anzeigen verstehen. Lesen Sie die Anzeigen in 5a und ergänzen Sie die Tabelle.

	Anzeige 1	Anzeige 2
Wie viel Quadratmeter?		
Wie viele Zimmer?		
Miete?		
Kaution?		
Was gibt es Besonderes?		*Terrasse und Garten*

6 Was passt zusammen? Ordnen Sie zu.

Ist die Wohnung noch frei?	**1**	**A** Zwei Monatsmieten.
Wie hoch ist die Kaution?	**2**	**B** Nein, da kann ich leider nicht, aber am Freitag.
Wann kann ich die Wohnung besichtigen?	**3**	**C** Tut mir leid, sie ist schon vermietet.
Geht es am Samstag?	**4**	**D** Um 14 Uhr bin ich in der Wohnung.

7 Wiederholung – Präpositionen *am, um* und *im*. Ergänzen Sie.

◖ Wann zieht ihr um?

◖ Das wissen wir noch nicht, wahrscheinlich _____ Herbst, _____ September.

◖ Und habt ihr schon eine Wohnung?

◖ Nein, aber _____ Montag, _____ 2. 9. besichtigen wir eine Wohnung. Willst du mitkommen?

◖ Ja, gern. Wann _____ Montag?

◖ _____ elf Uhr.

◖ Schade, da habe ich keine Zeit. Geht es nicht auch _____ Wochenende? _____ Samstag?

◖ Nein, leider nicht. _____ Wochenende sind wir nicht da.

8 Textkaraoke. Hören, lesen und sprechen Sie die 😊-Rolle im Dialog. 📱))) 31

🗨 …

😊 Guten Tag, mein Name ist … Ich habe Ihre Anzeige in der Zeitung gelesen.

🗨 …

😊 Ja, genau. Ist die Wohnung noch frei?

🗨 …

😊 Kann ich die Wohnung besichtigen?

🗨 …

😊 Oh, das ist schwierig. Ich arbeite bis sieben. Kann ich auch etwas später kommen?

🗨 …

😊 Danke schön und auf Wiedersehen.

🗨 …

B Die neuen Nachbarn

9 *Sich freuen – sich wohl fühlen – sich vorstellen*. Ordnen Sie die Verben zu.

_____   _____   _____

10 Ergänzen Sie die Reflexivpronomen.

1. Familie Bergmann freut _____, weil sie eine schöne Wohnung gefunden hat.

2. Guten Tag, ich möchte _____ vorstellen, ich bin die neue Kursleiterin. Mein
   Name ist Wagner. Stellen Sie _____ bitte auch vor. Möchten Sie anfangen?

3. ◖ Fühlst du _____ nicht gut?

   ◖ Nein, ich glaube ich werde krank. Ich fühle _____ ganz matt.

4. ◖ Morgen kommt Tante Ingeborg mit ihren Kindern. Freut ihr _____?

   ◖ Natürlich freuen wir _____, mit Sofie und Alex kann man super spielen.

11a Reflexivpronomen. Ergänzen Sie die Tabelle.
⊙

Nominativ	ich	du	er	es	sie	wir	ihr	sie/Sie
Reflexiv-pronomen	*mich*	*dich*				*uns*	*euch*	

11b Ergänzen Sie.

1. ◖ Wie geht es Ihrem Mann?

   ◖ Danke, er fühlt _____ schon wieder ganz gut.

2. ◖ Wie geht es Ihrer Mutter?

   ◖ Danke, sie fühlt _____ noch ein bisschen erschöpft.

3. ◖ Wie geht es dem Baby? Wie fühlt es _____?

   ◖ Es geht ihm gut, aber es kann noch nicht sagen, wie es _____ fühlt.

4. ◖ Wie geht es Ihren Kindern?

   ◖ Sie sind fit und fühlen _____ stark wie immer.

12 Ergänzen Sie die Reflexivpronomen.

1. ◖ Herr und Frau Böger trennen _____. Weißt du das schon?

   ◖ Wirklich? Sie haben _____ doch erst vor einem Jahr kennengelernt.

   ◖ Ja, sie haben _____ schnell verliebt, aber jetzt streiten sie _____ jeden Tag.
   Ich glaube, es ist besser, wenn sie _____ trennen.

2. ◖ Wo habt ihr _____ kennengelernt?

   ◖ Auf einer Party. Wir haben getanzt und Marc hat _____ immer entschuldigt, weil er
   schlecht getanzt hat. Er war so süß. Ich habe _____ sofort verliebt. Ja, und dann haben
   wir _____ oft getroffen und jetzt sind wir schon fünf Jahre zusammen.

13a Wiederholung – Pronomen im Akkusativ. Ergänzen Sie die Tabelle.

Nominativ	ich	du	er	es	sie	wir	ihr	sie/Sie
Akkusativ	mich	dich				uns	euch	

13b Ergänzen Sie.

1. Das ist Mario Greiner, unser Kursleiter. Ich muss _____ etwas fragen.

2. Das ist Tanja Ballhaus. Ich habe _____ gestern kennengelernt.

3. Tanja hat ein kleines Baby. Ich finde _____ süß.

4. Wo sind die Kinder? Siehst du _____ ?

14 Frau und Herr Stefano stellen sich vor. Schreiben Sie.

Familienname: Stefano
Heimatland: Italien
seit 20 Jahren in Deutschland
vor einem Monat nach Dresden umgezogen
sich hier wohl fühlen

> Wir möchten uns vorstellen.
> Ich heiße ...

C Schöner wohnen

15a Wiederholung – Möbel in der Küche. Schreiben Sie die Wörter mit Artikel und Plural.

1. _____

2. _____

3. _____

4. _____

5. _____

6. die Spülmaschine, –n

7. _____

8. _____

15b Wo steht oder liegt was? Ergänzen Sie die Sätze.

1. Die Stühle stehen _____ Tisch.

2. Die Spüle ist _____ _____ Spülmaschine und _____ Kühlschrank.

3. Die Küchenschränke hängen _____ _____ Wand.

4. Die Tischdecke liegt _____ _____ Tisch.

5. Der Kühlschrank steht _____ _____ Spüle.

6. Die Lampe hängt _____ _____ Tisch.

16a Wiederholung – Im Wohnzimmer. Schreiben Sie die Wörter mit Artikel und Plural.

1. _das Sofa, -s_
2. _____
3. _____
4. _____
5. _____

6. _____
7. _____
8. _____
9. _____
10. _____

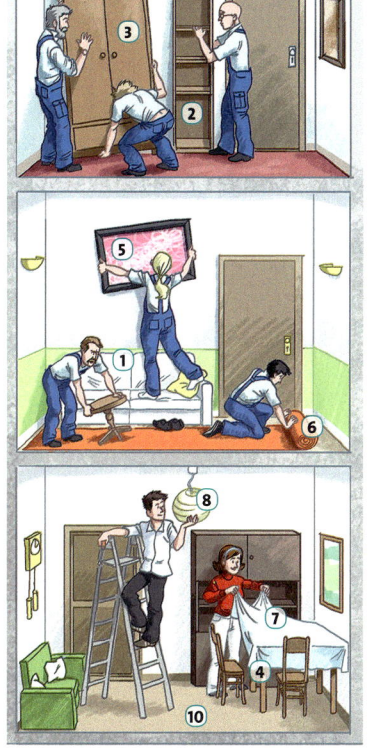

16b Was kommt wohin? Ergänzen Sie die Sätze.

1. Sie stellen den Schrank _____ _____ Wand.
2. Er stellt das Regal _____ _____ Schrank.
3. Er stellt den Tisch _____ _____ Sofa.
4. Sie hängt das Bild _____ _____ Sofa.
5. Er legt den Teppich _____ _____ Boden.
6. Sie legt die Tischdecke _____ _____ Tisch.
7. Er hängt die Lampe _____ _____ Decke.

17 Welches Verb passt? Ergänzen Sie.

1. liegen – stehen

Die Bücher _____ im Regal.   Die Bücher _____ auf dem Boden.

2. stellen – legen

Sie _____ die Vase auf den Tisch.   Sie _____ die Blumen auf den Tisch.

3. stehen – stellen

Sie _____ den Mülleimer in die Ecke.   Der Mülleimer _____ in der Ecke.

4. legen – liegen

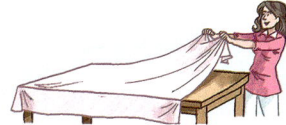

Sie _____ die Decke auf den Tisch.   Die Decke _____ auf dem Tisch.

18a *Stehen* oder *stellen*? Ergänzen Sie.

1. ◖ Wohin soll ich die Gläser _____?

   ◗ _____ sie bitte auf den Tisch.

   ◖ Auf dem Tisch _____ doch

   schon Gläser.

   ◖ Entschuldigung, das habe ich nicht

   gesehen.

2. ◖ Wo bist du?

   ◖ Siehst du mich nicht? Ich _____

   die ganze Zeit hinter dir!

3. ◖ Wo _____ das Fahrrad?

   ◖ Ich habe es hinter das

   Haus _____.

18b *Liegen* oder *legen*? Ergänzen Sie.

1. ◖ Wo _____ Hamburg?

   ◖ Hamburg _____ im Norden

   von Deutschland.

2. ◖ Wie kann ich kopieren?

   ◖ _____ Sie das Papier auf den

   Kopierer und drücken Sie diese Taste.

3. ◖ Ich _____ dein Handy in

   deine Tasche.

   ◖ Nein, kannst du es bitte auf den Tisch

   _____? Dort _____

   auch schon mein Schlüssel.

19 Im Baumarkt. Ergänzen Sie den Dialog.

> Nein, nein, es ist eine ganz normale Lampe. – Ich brauche Dübel und Schrauben. –
> Entschuldigung, können Sie mir helfen? – Nein, danke. Das ist alles. – Ich weiß nicht, ich
> möchte eine Lampe aufhängen.

◖ _____

◖ Gern, was kann ich für Sie tun?

◖ _____

◖ Dübel und Schrauben haben wir da drüben, kommen Sie bitte mit. Welche Größe brauchen Sie?

◖ _____

◖ Ist die Lampe sehr groß und schwer?

◖ _____

◖ Dann nehmen Sie Größe 6 und hier sind auch Schrauben dazu. Brauchen Sie sonst noch etwas?

◖ _____

20 Flüssig sprechen. Hören Sie zu und sprechen Sie nach. 🔊 ⟩⟩ 32

1. qm. – 75 qm. – Unsere Wohnung hat 75 qm.
2. 180 €. – die Nebenkosten 180 €. – Die Kaltmiete ist 685 €, die Nebenkosten 180 €.
3. das sind 2.055 €. – drei Monatsmieten Kaution bezahlen, das sind 2.055 €. –
   Wir mussten drei Monatsmieten Kaution bezahlen, das sind 2.055 €.

21a Die Nebenkostenabrechnung. Lesen Sie und kreuzen Sie an: Was ist richtig?

○ **A** Herr Piontkowsky muss noch etwas bezahlen.
○ **B** Herr Piontkowsky bekommt Geld zurück.

> Sehr geehrter Herr Piontkowsky,
>
> anbei die Abrechnung der Nebenkosten für Ihre Wohnung in der Bachstraße 3 (2. Stock).
> Die Rückzahlung überweisen wir bis zum 31. 9. auf Ihr Konto.
>
> Mit freundlichen Grüßen
> *Monika Grundeis*

21b Lesen Sie die Nebenkostenabrechnung und ordnen Sie die markierten Wörter zu.

1. ◯ Das hat der Mieter schon an den Vermieter gezahlt.

2. ◯ Das sind die Nebenkosten von Herrn Piontkowsky für das ganze Jahr.

3. ◯ Das hat Herr Piontkowsky zu viel bezahlt. Er bekommt dieses Geld zurück.

	Kosten 2009			Ihr Anteil	
Allgemeinstrom	48,14			21,81	
Straßenreinigung	41,99			14,27	
Grundsteuer	418,75			142,28	
Gebäudeversicherung	924,53			314,12	
Wasser	568,60			213,26	
Müllabfuhr	534,48			150,32	
Wartung Heizung	0,00			0,00	
Schornsteinfeger	89,46			44,73	
Sonderkosten					
A Gesamt				900,79 €	
B Abschlag				960,00 €	
C Rückzahlung				59,21 €	

21c Die Nebenkostenabrechnung genauer lesen. Ergänzen Sie.

1. Wie viel kostet der Strom für das ganze Haus? Wie viel muss Herr Piontkowsky bezahlen?

   Haus: _____ Herr Piontkowsky: _____

2. Wie viel kostet der Müll für das ganze Haus? Wie viel muss Herr Piontkowsky bezahlen?

   Haus: _____ Herr Piontkowsky: _____

3. Wie viel kostet das Wasser für das ganze Haus? Wie viel muss Herr Piontkowsky bezahlen?

   Haus: _____ Herr Piontkowsky: _____

4. Wie viel müssen die Mieter für die Heizung (Wartung, Reparatur) bezahlen?

   _____

Wichtige Wörter

zentral	_____	**2a** sich vor|stellen	_____
außerhalb	_____	hoffentlich	_____
Innenstadt, die, "-e	_____	sich fühlen	_____
Vorort, der, -e	_____	vorher	_____
öffentlich	_____	sich freuen	_____
öffentliche Verkehrsmittel	_____	**3a** stark	_____
		einsam	_____
A			
1a KM = Kaltmiete, die, -n	_____	**3b** prima	_____
		fit	_____
NK = Nebenkosten, die, Pl.	_____	etwas besser	_____
MM = Monatsmiete, die, -n	_____	matt	_____
		erschöpft	_____
Kaution, die, -en	_____	schwach	_____
Nachmieter/in, der/die, -/nen	_____	**4a** sich verlieben	_____
		sich entschuldigen	_____
Haustier, das, -e	_____	sich kennen|lernen	_____
1b Zettel, der, -	_____	sich streiten	_____
vermietet sein	_____	sich küssen	_____
Makler/in, der/die, -/nen	_____	sich trennen	_____
		C	
3a Kündigung, die, -en	_____	**1** überraschen	_____
schriftlich	_____	streichen, er hat gestrichen	_____
Mieter/in, der/die, -/nen	_____	**2** Wand, die, "-e	_____
3b kündigen	_____	Tapete, die, -n	_____
mündlich	_____	**3a** stellen	_____
4 meistens	_____	legen	_____
jemand	_____	Decke, die, -n	_____
B			
1b sympathisch	_____	**4b** auf|hängen	_____
unsympathisch	_____		_____
unfreundlich	_____		_____

Wörter lernen

22   Wie fühlen sie sich? Ordnen Sie zu und schreiben Sie Sätze.

> krank – einsam – matt – stark – traurig – schlecht – erschöpft – wunderbar – fit

❶   **❷**   **❸**

Er fühlt sich _____

23   Eine Wohnung mieten. Was bedeuten die Wörter? Ordnen Sie zu.

> kündigen – der Mieter – der Vermieter – der Mietvertrag

1. Vertrag zwischen dem Mieter und dem Vermieter: _____

2. Einen Vertrag beenden: _____

3. Diese Person wohnt in einer Wohnung und bezahlt jeden Monat Geld: _____

4. Die Wohnung oder das Haus gehört dieser Person, sie bekommt Geld: _____

24   Was passt? Ordnen Sie die Verben zu.

1. nicht zusammen bleiben – _____

2. sich zum ersten Mal treffen – _____

3. jemanden sehr mögen – _____

4. „Verzeihung" sagen – _____

5. ärgerlich mit jemandem sprechen – _____

> sich streiten –
> sich entschuldigen –
> sich trennen –
> sich kennenlernen –
> sich verlieben

25   Wörter hören und nachsprechen. Hören Sie zu und sprechen Sie nach. 🔊 33

1. der Vorort – die Innenstadt – außerhalb – zentral

2. die Verkehrsmittel – öffentlich – öffentliche Verkehrsmittel

3. die Kaution – die Kündigung – mündlich – schriftlich

4. sympathisch – unsympathisch – sich entschuldigen – überraschen

Feste feiern

1 Wann? – Am ... Schreiben Sie und lesen Sie das Datum laut.

> 3. Oktober – 1. Mai – ~~1. Januar~~ – 21. Juni

1. Wann feiert man Neujahr?   *Am ersten Januar.*
2. Wann ist der deutsche Nationalfeiertag?   _____
3. Wann ist der Tag der Arbeit?   _____
4. Wann beginnt in Deutschland der Sommer?   _____
5. Wann haben Sie Geburtstag?   _____

2a Welcher Tag ist das? Ordnen Sie zu.

> der zwanzigste Siebte – der dreiundzwanzigste Fünfte – ~~der erste Vierte~~ – der achte Dritte –
> der neunundzwanzigste Zweite – der neunte Elfte – der neunzehnte Zehnte –
> der achtundzwanzigste Achte

❶ **1** April
❷ **9** November
❸ **20** Juli
❹ **28** August
❺ **8** März
❻ **19** Oktober
❼ **23** Mai
❽ **29** Februar

1. *der erste Vierte*
2. _____
3. _____
4. _____
5. _____
6. _____
7. _____
8. _____

2b Welcher Tag ist heute? Hören Sie und kreuzen Sie die Tage im Kalender an. 🔊 34

| MAI | | | | | | | | JUNI | | | | | | | | JULI | | | | | | |
Mo	Di	Mi	Do	Fr	Sa	So		Mo	Di	Mi	Do	Fr	Sa	So		Mo	Di	Mi	Do	Fr	Sa	So
				1	2	3		1	2	3	4	5	6	7				1	2	3	4	5
4	5	6	7	8	9	10		8	9	10	11	12	13	14		6	7	8	9	10	11	12
11	12	13	14	15	16	17		15	16	17	18	19	20	21		13	14	15	16	17	18	19
18	19	20	21	22	23	24		22	23	24	25	26	27	28		20	21	22	23	24	25	26
25	26	27	28	29	30	31		29	30							27	28	29	30	31		

3 ⊙ Von wann bis wann? – Vom ... bis zum ... Schreiben Sie das Datum in Zahlen.

1. Von wann bis wann geht der Kurs?   *Vom 18.3. bis zum* _____
   (achtzehnten Dritten – fünfzehnten Vierten)
2. Wie lange hat das Geschäft geschlossen?   _____
   (zweiten Achten – vierzehnten Achten)
3. Von wann bis wann sind dieses Jahr die Sommerferien?   _____
   (dreißigsten Sechsten – neunten Achten)

4 ◉ Ergänzen Sie das Datum mit der richtigen Endung.

❨ Welcher Tag ist heute?

❨ Ich glaube, heute ist der _____ (21.) Mai.

❨ Nein, das kann nicht sein. Am _____ (21.) Mai

   beginnt mein Deutschkurs. Das ist nächste Woche.

❨ Nächste Woche ist der _____ (28.) Mai. Ich bin ganz

   sicher, denn am _____ (28.) Mai hat meine Frau Geburtstag.

❨ Oh nein, dann muss ich sofort los. Mein Deutschkurs beginnt um 18 Uhr.

❨ Viel Spaß! Wie lange dauert denn dein Kurs?

❨ Vier Wochen, vom _____ (21.) Mai bis

   zum _____ (17.) Juni.

   Und am _____ (18.) Juni ist Prüfung!

5 Wegbeschreibung. Ergänzen Sie.

> geradeaus – vierten – dritte – vierte

❨ Wo wohnst du?

❨ Das findest du ganz leicht. Geh hier _____

   und dann die _____ Straße links. Mein Haus

   ist auf der linken Seite, es ist das _____ Haus,

   neben der Post. Ich wohne im _____ Stock.

6 Hören Sie zu und kreuzen Sie an: Was passt? 🔊 35

1. Wann ist der Termin?
   ○ **A** Am 22.9. um 17 Uhr.
   ○ **B** Am 22.9. um 17 Uhr 30.
   ○ **C** Am 21.10. um 18 Uhr.

2. Wo wohnt er?
   A ○   **B** ○   **C** ○

A Einladungen

7 Ordnen Sie die Textteile zu. Schreiben Sie dann die Einladung.

Liebe	**1** ○———○	**A**	euch feiern.
ich habe meinen	**2** ○	○ **B**	einen Salat oder einen Kuchen mitbringen?
Das möchte ich mit	**3** ○	○ **C**	Freunde,
Kommt am Samstag ab acht	**4** ○	○ **D**	Bescheid. Ich freue mich!
Getränke und Musik	**5** ○	○ **E**	Führerschein!
Wer kann noch	**6** ○	○ **F**	zu uns in den Garten.
Sagt mir	**7** ○	○ **G**	habe ich.

Cc:
Betreff:
▶ Anlagen: *keine*

Schriftart ▼ Schriftgr ▼ F K U T

Liebe _____

_____

_____

_____

_____

Martin

8 Prüfung geschafft! Ergänzen Sie den Dialog.

> Danke, super. Ich habe meine Prüfung geschafft! – Wir treffen uns bei mir und gehen dann in die Stadt. – Hallo, Anna! Hier ist Lili. – Tschüss! – Ja, klar. Philipp, Marius und Vanessa kommen. Kommst du? – Danke. Ich bin so froh! Und jetzt will ich feiern.

◖ Anna Brezinski.

◖ _____

◖ Hallo Lili, wie geht's?

◖ _____

◖ Oh, toll! Herzlichen Glückwunsch!

◖ _____

◖ Noch heute Abend?

◖ _____

◖ Klar, wohin wollt ihr gehen?

◖ _____

◖ O.k., ich bin um acht bei dir. Bis dann!

◖ _____

9 Wählen Sie eine Situation aus und schreiben Sie eine Einladung in Ihr Heft.

1. Sie sind umgezogen und möchten Ihre Freunde in Ihre neue Wohnung einladen.
2. Sie organisieren in der Schule das Sommerfest und laden alle Eltern ein.
3. Sie feiern Geburtstag und laden Ihre Freunde zu einer Party ein.

10 Wiederholung – Pronomen im Dativ. Ergänzen Sie.

> mir – mir – mir – dir – ihm – ihr – ihr – uns – euch – ihnen – Ihnen

1. Frau Wehner wird heute 60 Jahre alt. Ihre Nachbarn schenken _____ Blumen.

2. ◖ Mein Neffe Tobias wird morgen zehn. Was kann ich _____ zum Geburtstag schenken?

   Und seine Schwester wird übermorgen zwölf. Was soll ich _____ schenken?

   ◖ Du kannst beiden zusammen etwas schenken. Kauf _____ doch eine DVD.

3. ◖ Gib _____ doch bitte die Fernsehzeitschrift.

   ◖ Warte einen Moment, ich gebe sie _____ gleich, ich lese sie gerade.

4. ◖ Können Sie _____ das schriftlich geben?

   ◖ Ja, gern. Ich schreibe _____ eine E-Mail. Geben Sie _____ Ihre E-Mail-Adresse.

5. ◖ Peter und Uli, ich wünsche _____ viel Spaß auf eurer Hochzeitsreise. ◖ Danke.

6. Wir verstehen dieses Wort nicht. Können Sie _____ bitte erklären, was es bedeutet?

11a Was ist das? Schreiben Sie die Wörter mit Artikel und Plural.

❶

die Kette, –n _____

❸ _____

❺ _____

❷ _____

❹ _____

❻ _____

11b Lukas und Lisa haben Geburtstag. Was kann man ihnen schenken?

1. Lukas hört gern Musik.

   Man kann ihm eine CD schenken. _____

2. Lisa isst gern Schokolade.

   _____

3. Lisa trägt gern Schmuck.

   _____

4. Lukas muss einen Anzug im Büro tragen.

   _____

5. Lisa und Lukas haben eine neue Wohnung.

   _____

6. Sie laden gern Freunde zum Teetrinken ein.

   _____

12 Ordnen Sie die Sätze und schreiben Sie sie in Ihr Heft.

1. ich – Meinem Sohn – ein neues Handy – schenke.
2. ein Buch – Ich – schenke – zum Geburtstag – meinem Großvater.
3. ein Parfüm – ich – Zum Geburtstag – schenke – meiner Schwester.
4. schenken – In meinem Land – man – darf – keine Messer.

> *1. Meinem Sohn schenke ich*
> *2. Ich*

13 Was schenken Sie? Ergänzen Sie die Sätze.

Wenn ich zu einer Party eingeladen bin, _____

Wenn ich zum Essen bei Freunden eingeladen bin, _____

Wenn meine Freundin Geburtstag hat, _____

B Hochzeit

14 Zwei Hochzeiten in Deutschland. Hören Sie und kreuzen Sie an: richtig oder falsch? 🔊 36

A	R	F
1. Herr Binek hat die Hochzeit nur mit seiner Frau organisiert.	○	○
2. Sie waren auf dem Standesamt und dann in der Kirche.	○	○
3. Sie haben ein Hochzeitsfoto gemacht.	○	○
4. Die Gäste wollten nicht viel tanzen.	○	○

B	R	F
1. Frau Pofalla hat eine große Hochzeitsfeier gemacht.	○	○
2. Sie waren erst auf dem Standesamt und dann in der Kirche.	○	○
3. Sie haben lange gefeiert und viel getanzt.	○	○
4. Sie haben eine Hochzeitsreise nach Australien gemacht.	○	○

15 Wiederholung – Farben. Welche Farbe hat die Kleidung? Schreiben Sie.

Das Kleid ist gelb. _____

_____

_____

_____

16 Das ist kein … Ergänzen Sie wie im Beispiel.

1. schwarz/blau

Das ist keine schwarze Krawatte.

Das ist eine _____

3. billig/teuer

_____

_____

2. schön/hässlich

_____

_____

4. gesund/ungesund

_____

_____

17 Was für …? Ergänzen Sie den Artikel im Akkusativ und die Adjektivendung.

1. ◖ Was für __eine__ Jacke suchst du? ◖ Eine warm__ Winterjacke.

2. ◖ Was für _____ Schuhe trägst du auf der Hochzeit? ◖ Schwarz__ Lederschuhe.

3. ◖ Was für _____ Fernseher hast du gekauft? ◖ Einen sehr günstig__ Fernseher.

4. ◖ Was für _____ Sofa habt ihr gekauft? ◖ Ein rot__ Sofa.

18 Ergänzen Sie die Endungen. Achtung: Manchmal gibt es keine Endung.

1. ◖ Ich suche einen warm__ Wintermantel.

◖ Dieser hier ist sehr warm__ und sehr günstig__.

2. ◖ Guten Tag, Sie wünschen? ◖ Ich möchte eine groß__ Cola, eine warm__ Suppe und

einen frisch__ Salat. Und danach einen klein__ Kaffee.

3. ◖ Was braucht ihr für die Schule, Mariem? ◖ Wir brauchen zwei groß__ Mathehefte, drei

klein__ und ein groß__ Schreibheft. Und ein klein__ Hausaufgabenheft auch noch.

19 Komplimente. Ordnen Sie zu.

Deine Puppe **1** ○   ○ **A** steht dir super.

Die Mütze **2** ○   ○ **B** immer so nett.

Du hast **3** ○   ○ **C** ist so schön.

Du bist **4** ○   ○ **D** aber ein schönes Auto.

Darf ich das Auto haben?

20 Textkaraoke. Hören, lesen und sprechen Sie die ◌-Rolle im Dialog. 📱))) 37

🔊 …

😊 Danke schön, Sie auch.

🔊 …

😊 Wirklich? Das ist nett von dir.

🔊 …

😊 Meinen Sie?

🔊 …

😊 Danke, du auch.

21   Eine Geschichte erzählen. Schreiben Sie die Sätze im Perfekt.

1. Maja und Viktor heiraten im Sommer. _____

2. Sie gehen zum Standesamt. _____

3. Die Mutter von Maja weint. _____

4. Sie machen ein Hochzeitsfoto. _____

5. Sie feiern im Restaurant. _____

6. Am nächsten Tag fahren sie auf Hochzeitsreise. _____

_____

C   Feiern interkulturell

22   Wiederholung – Reflexivpronomen. Ergänzen Sie.

1. ◖ Guck mal, mit wem unterhält __sich__ denn Sabine?   ◖ Das ist André, er ist neu hier. Ich

    habe _____ auch schon mit ihm unterhalten. Er ist sehr nett.

2. Wenn Benoit zu einer Party geht, zieht er _____ immer besonders schick an. Er findet,

    dass die Deutschen _____ nicht schick anziehen.

3. Wenn es auf einer Party gute Musik gibt, dann fühle ich _____ sofort wohl.

4. ◖ Wo habt ihr _____ kennengelernt?   ◖ Wir haben _____ bei Karo auf der Party

    kennengelernt.

23   Glückwunschkarten. Lesen Sie die zwei Karten und ergänzen Sie die Wörter.

> wünschen – Gute – Herzlichen – Glück – zum – alles

Liebe Eva, lieber Marko,

zu eurer Hochzeit _____

wir euch _____ Liebe

und viel _____.

Eure Jasmin und Tarek

_____ Glückwunsch

_____ Geburtstag! Alles

_____ für das neue Lebensjahr

wünscht Ihnen

Ihr Pavel Vesniak

24   Flüssig sprechen. Hören Sie zu und sprechen Sie nach. 🔊 38

1. ein Feiertag. – in Deutschland ein Feiertag. – Der 25. 12. ist in Deutschland ein Feiertag.
2. im Urlaub. – bis zum 14. 3. im Urlaub. – Ich bin vom 3. bis zum 14. 3. im Urlaub.
3. am 8. 8. – von meinen Freunden ist am 8. 8. – Die Hochzeit von meinen Freunden ist am 8. 8.

25a   Lesen Sie den Text und kreuzen Sie an: Was passt?

Karneval der Kulturen

Jedes Jahr – Ende Mai oder Anfang Juni – feiert Berlin ein großes Straßenfest: den Karneval der Kulturen. Das Fest dauert vier Tage. Menschen aus Berlin und Menschen aller Nationalitäten präsentieren ihr Land oder ihre Kultur. Sie feiern und tanzen gemeinsam auf der Straße. Am letzten Tag gibt es einen großen Umzug mit ca. 4000 Menschen aus mehr als 70 Nationalitäten. Es gibt auch einen kleinen Umzug für Kinder. Im Jahr 2000 sind zum ersten Mal mehr als eine Million Besucher zu diesem großen Volksfest gekommen. Das Fernsehen und die Radiosender sind natürlich auch da. Zum Abschluss der vier Tage findet dann eine große Party statt.

	R	F
1. Der Karneval der Kulturen ist ein internationales Fest.	○	○

2. Zum Karneval der Kulturen kommen
- ○ **A** nur Kinder.
- ○ **B** 2000 Besucher.
- ○ **C** viele hunderttausend Besucher.

25b   Ein großes Volksfest in Ihrer Region oder ein Volksfest in Ihrer Heimat. Beantworten Sie die Fragen.

1. Wann findet das Fest statt?

_____

2. Wo ist das Fest?

_____

3. Wie viele Menschen kommen?

_____

4. Was macht man auf dem Fest?

_____

Wichtige Wörter

Weihnachten _____

Silvester _____

Feiertag, der, -e _____

A

1 Hochzeitsfeier, _____
die, -n

Betriebsfeier, die, -n _____

Geburtstag, der, -e _____

2a zum Geburtstag _____
einladen

2b schade _____

3 schenken _____

Ich schenke ihm ein _____
Buch.

Kerze, die, -n _____

Praline, die, -n _____

Schachtel, die, -n _____

Kette, die, -n _____

Geschirr, das _____

Parfüm, das, -s _____

Schmuck, der _____

Kinderwagen, der, - _____

Krawatte, die, -n _____

4 Jubiläum, das, -en _____

5 Essen, das _____

zum Essen einladen _____

normalerweise _____

B

1a eng _____

wunderschön _____

romantisch _____

Brautkleid, das, -er _____

Taschentuch, das, "-er _____

Handschuh, der, -e _____

1b Braut, die, "-e _____

Ohrring, der, -e _____

1c Bräutigam, der, -e _____

2 was für einen/ein/ _____
eine ...

3 echt _____

Du siehst echt gut _____
aus.

4b werfen, er wirft, er _____
hat geworfen

Brautpaar, das, -e _____

tauschen _____

C

1 Party, die, -s _____

auf einer Party sein _____

Geschenk, das, -e _____

Gastgeber/in, der/ _____
die, -/-nen

2a sich unterhalten, er _____
unterhält sich, er hat
sich unterhalten

Ich unterhalte mich _____
gern über Filme.

unkompliziert _____

auf|fallen, _____
mir fällt auf,
mir ist aufgefallen

dabei sein _____

vorgestern _____

Stimmung, die _____

normal _____

angezogen sein _____

einzig- _____

der einzige Mann	_____	Frohe Ostern!	_____
3a besorgen	_____	Neujahr	_____
3b übermorgen	_____	Prosit Neujahr!	_____
4a Alles Gute zum/zur ...!	_____		_____
froh	_____		_____
Ostern	_____		

Wörter lernen

26   Weihnachtsgeschenke. Schreiben Sie die Geschenk-Wörter.

Bald ist Weihnachten und ich habe noch keine Geschenke. Was soll ich aber schenken?

Unserer Tochter schenke ich eine _____, das ist einfach.

Aber meinem Mann? Eine _____ oder lieber eine _____?

Und meinen Eltern? Vielleicht eine schöne _____ oder zwei _____?

Und meiner Schwester? Ein _____ oder eine Schachtel _____?

Das habe ich ihnen doch schon letztes Jahr geschenkt! Ich weiß schon, ich schenke

ihnen ein _____!

27   Eine Hochzeit feiern. Was passt? Ordnen Sie zu.

zur Hochzeit **1** ○	○ **A**	tragen
ein weißes Brautkleid **2** ○	○ **B**	machen
zum Standesamt **3** ○	○ **C**	einladen
Ringe **4** ○	○ **D**	gehen
Hochzeitsfotos **5** ○	○ **E**	werfen
Geschirr **6** ○	○ **F**	schenken
den Blumenstrauß **7** ○	○ **G**	tauschen

28   Wörter hören und nachsprechen. Hören Sie zu und sprechen Sie nach. 🔊 ⟩⟩ 39

    1. die Hochzeitsfeier – die Betriebsfeier – das Jubiläum
    2. die Praline – das Parfüm – die Krawatte – das Geschirr
    3. Frohe Weihnachten! – Frohe Ostern! – Prosit Neujahr!

1a Lesen Sie und ergänzen Sie.

Ich kann auf Deutsch

	✔	○
1. nach Informationen fragen	○	○

Wissen Sie, _____

_____ ?

Können Sie mir sagen, _____

_____ ?

Preis?

2. eine Kurzmitteilung schreiben	○	○

Viele Grüße – Besprechung – Geht – Büro – Hallo

_____ Dagmar,
leider muss ich unsere _____ heute
um 14 Uhr verschieben, weil ich Herrn Elbing vom Bahnhof abholen muss.
_____ es morgen um 14 Uhr? Ich komme dann in dein _____ .

Anna

3. Gespräche am Arbeitsplatz führen	○	○

◖ Werkstatt Meyer & Söhne, Spekowius am Apparat.

◖ _____

(Name – heute nicht kommen – krank sein)

◖ Gut und danke, dass Sie anrufen. Gehen Sie zum Arzt?

◖ _____

(ja, um 10 Uhr – Krankschreibung schicken)

◖ Dann wünsche ich Ihnen gute Besserung!

◖ _____

(vielen Dank – auf Wiederhören)

4. ein Gespräch mit einem Vermieter führen ⚪ ⚪

◖ Guten Tag, mein Name ist Eils. Ich habe Ihre _____

gelesen. Ist die _____ noch frei?

◗ Ja, ich habe sie noch nicht _____.

◖ Sie haben geschrieben: _____ 2 MM. Was heißt das?

◗ Sie müssen zwei _____ Kaution zahlen, wenn Sie einziehen, also 1.500 Euro.

◖ Ah ja. Könnte ich die Wohnung _____?

◗ Ja, natürlich. Sie können am Freitagabend um 18 Uhr kommen.

> Monatsmieten – Anzeige – Kaution – besichtigen – Wohnung – vermietet

5. neue Nachbarn begrüßen oder mich bei den Nachbarn vorstellen ⚪ ⚪

> sich fühlen – sich vorstellen – sich freuen

◖ Guten Tag, wir möchten _____ _____. Wir sind die neuen Nachbarn. Böger ist mein Name. Und das sind unsere Kinder Florian und Ulrike.

◗ Guten Tag. Ich bin Danna Ovalle. Hoffentlich _____ Sie _____ hier wohl.

◖ Ja, wir _____ _____ sehr, dass wir die Wohnung bekommen haben.

6. eine Person beschreiben ⚪ ⚪

Die Frau trägt _____

_____

_____

Der Mann trägt _____ _____

_____

_____

_____

7. eine Glückwunschkarte schreiben ⚪ ⚪

> zum Geburtstag wünschen – alles Gute – viel Glück

_____

_____

_____

_____

1b Kontrollieren Sie mit den Lösungen und markieren Sie ✔ für kann ich und ⚪ für kann ich nicht so gut.

Prüfungsvorbereitung DTZ: Lesen

Teil 2 Lesen Sie die Situationen 1–5 und die Anzeigen A–H. Finden Sie für jede Situation die passende Anzeige. Markieren Sie Ihre Lösungen für die Aufgaben 1–5 auf dem Antwortbogen (s. Einleger, S. 16). Für eine Aufgabe gibt es keine Lösung. Markieren Sie in diesem Fall ein x.

1 Ihre Tochter möchte in München studieren und braucht ein Zimmer.
2 Sie ziehen aus Ihrer alten Wohnung aus. Sie müssen die Wohnung renovieren und suchen einen Handwerker.
3 Sie suchen Möbel für Ihr Wohnzimmer.
4 Ein Kollege von Ihnen möchte ein Haus kaufen.
5 Sie suchen eine neue Wohnung mit drei oder vier Zimmern.

A **3-Zi-Whg.**, 67 m², EBK, Balkon, 3. OG, Aufzug, zentrale Lage, KM 630.–€, NK 140.–€ in Bremen-Horn. Tel. 0421 87 61 293

B ●*Küchenland*

Wir planen mit Ihnen Ihre neue Einbauküche!
Große Auswahl an Küchenmöbeln und Elektrogeräten!
Viele Sonderangebote.
Auwaldstraße 76, 79110 Freiburg, Tel. 0761 / 994 51 72
Öffnungszeiten: Mo-Sa 10.00–20.00 Uhr

C **Handwerker-Service**

für Umbau- und Renovierungsarbeiten: Malerarbeiten, Elektroarbeiten und vieles mehr.
Rufen Sie uns an unter 030 291 750.
toom – Ihr einfacher Weg zu einem tollen Zuhause.

D Wir, 33 und 39, suchen ab April 3–4 Zi.-Whg. in Bremen. KM bis 600,–€. Tel. 04298 / 333 41 (ab 18.00 Uhr).

E # IMMOBILIENANGEBOTE

Einfamilienhäuser in der Gartenstadt Vahr – Baujahr 2009:
• 5 Zimmer, 139 m² Wohnfläche, Grundstück ca. 155 m²
  Preis: 209.000 € plus Maklerprovision 3,57 %
• 6 Zimmer, 153 m² Wohnfläche, Grundstück ca. 275 m²
  Preis: 239.000 € plus Maklerprovision 3,57 %

Maklerbüro Gutmann – Tel. 0421 37 51 002

F Umzüge, Möbeltransporte ab 39,–€ pro Stunde inkl. LKW und 3 Mann. Tel. 0176 490 761

H **Nachmieter gesucht** für Studentenzimmer in München-Sendling, EG, 15 m², 220,–€ WM, mit Küchen- und Badbenutzung. Frei ab 1.9., Tel. 0175 / 23 66 19 555

G ## Vermietungen – Häuser
Neuenburg, Stadtmitte. EFH, Bj. 1994, 150 m², EBK, Garage
KM 1245.–€ plus Nebenkosten
Sutters Immobilien. Tel. 07631 714 102

Lesen Sie die zwei Texte. Zu jedem Text gibt es zwei Aufgaben. Entscheiden Sie bei jedem Text, ob die Aussage richtig oder falsch ist und welche Antwort (A, B oder C) am besten passt. Markieren Sie Ihre Lösungen für die Aufgaben 6–9 auf dem Antwortbogen (s. Einleger, S. 16).

LUDWIGSHAFEN. Die Volkshochschule bietet jetzt auch am Nachmittag eine Beratung für Migranten und Migrantinnen an (Montag bis Donnerstag 14.00–17.00 Uhr). Damit ist am Vormittag und am Nachmittag eine Beratung möglich.

2008 hat die Volkshochschule 500 Personen in ihren Integrationskursen unterrichtet. In diesem Jahr sind es schon 600. „Wir wollen, dass die Migrantinnen und Migranten schneller eine Beratung bekommen und dann schneller mit einem Integrationskurs anfangen können", sagt VHS-Direktor Karl-Heinz Müller.

---

6   Die Volkshochschule bietet am Vormittag keine Beratung mehr an.

7   2008
   A   haben bei der Volkshochschule 500 Personen eine Beratung bekommen.
   B   hatte die Volkshochschule 500 Integrationskurse.
   C   haben bei der Volkshochschule 500 Personen einen Integrationskurs gemacht.

Sehr geehrte Eltern der Klasse 5c,

am Montag, dem 19. Oktober, wollen wir den Film *Die wilden Kerle* im Kino-Center Astor besuchen.

Die Kinder kommen wie jeden Tag um 7.50 Uhr in die Schule. Nach der zweiten Stunde fahren wir dann mit dem Bus von der Schule zum Kino. Der Film ist etwa um 12.00 Uhr zu Ende. Wir fahren dann zur Schule zurück.

Bitte geben Sie Ihren Kindern bis Freitag, dem 16. Oktober, 2 Euro für die Busfahrkarte und 5 Euro für die Kinokarte mit.

Mit freundlichen Grüßen

Monika Warmbrunn

Klassenlehrerin

---

8   Am 19. Oktober haben die Kinder keinen Unterricht.

9   Die Eltern sollen
   A   den Kindern Busfahrkarten mitgeben.
   B   den Kindern Geld mitgeben.
   C   die Kinder am Kino abholen.

Hörtexte

Hier finden Sie alle Hörtexte, die nicht oder nicht vollständig im Arbeitsbuch abgedruckt sind.

LEKTION 1 Meine Geschichte

12

◖ Wann sind Sie nach Deutschland gekommen?

◖ Ich bin 2007 nach Deutschland gekommen.

◖ Wo haben Sie da gewohnt?

◖ Zuerst habe ich in der Nähe von Kassel gewohnt. Leider gibt es da nicht so viel Arbeit und ich habe keine Arbeit gefunden. Ich war etwas depressiv. Dann hat mein Onkel, er wohnt in Frankfurt, gesagt: Komm nach Frankfurt. Hier findest du bestimmt eine Arbeit. Ich bin also zu meinem Onkel nach Frankfurt umgezogen.

◖ Haben Sie in Frankfurt sofort eine Arbeit gefunden?

◖ Nein, in Frankfurt habe ich erst einmal einen Sprachkurs gemacht. Im Sprachkurs habe ich viele nette Leute kennengelernt. Ich habe auch die Prüfung gemacht. Beim zweiten Mal habe ich sie geschafft. Dann habe ich auch eine Arbeit gefunden.

◖ Und wie geht es Ihnen jetzt?

◖ Ich bin ganz zufrieden, aber ich verdiene leider nicht so viel Geld, vielleicht finde ich noch eine andere Arbeit. Ich möchte gern wieder als Ingenieur arbeiten, so wie in meiner Heimat.

22b

◖ Ich habe so wenig Kontakt mit Deutschen.

◖ Du kannst auch mit anderen Ausländern auf Deutsch sprechen.

◖ Ich vergesse immer die Wörter.

◖ Schreib doch die Wörter auf Wortkarten.

◖ Die Deutschen sprechen so schnell.

◖ Dann sag doch: Bitte sprechen Sie langsam.

◖ Ich spreche nicht gern. Ich habe immer Angst.

◖ Hab doch keine Angst. Fehler sind doch nicht so schlimm.

LEKTION 2 Medien

4

1. Das Internet benutze ich immer abends. Dann sehe ich Filme aus meiner Heimat. Das deutsche Fernsehen verstehe ich nicht so gut.

2. Ich chatte gern. Ich habe Freunde in Australien und mit dem Internet haben wir immer Kontakt.

3. Im Internet kann man sehr gut Preise vergleichen. Dann muss man nicht stundenlang durch die Stadt laufen. Ich kann alles zu Hause machen, auch einkaufen.

10b

Das war's dann, liebe Hörer. Unsere Sendung geht zu Ende. Um 19.00 Uhr kommen die Nachrichten. Um 19.05 Uhr geht es weiter mit Sport und ab 19.30 hören Sie unser Radio-Quiz.

12

◖ Wollen wir heute Abend fernsehen?

◖ Was kommt denn?

◖ Es gibt einen Tierfilm. Den können wir sehen.

◖ Ein Tierfilm? Das finde ich langweilig.

◖ Es gibt auch einen Krimi.

◖ Ja, Krimis sehe ich gern. Wann fängt er an?

◖ Um Viertel nach acht.

◖ Gut, dann sehen wir den Krimi.

LEKTION 3 Endlich Wochenende

3a

Samstags mache ich zuerst meine Hausaufgaben und lerne für den Deutschkurs. Ich habe bald eine Prüfung. Aber dann rufe ich meine Freunde an. Wir gehen dann in die Stadt, trinken etwas in einem Café oder gehen ins Kino. Und sonntags? Ja, sonntags koche ich gern lang und gut. Ich probiere dann oft ein neues Rezept aus. Oder ich gehe spazieren. Manchmal bleibe ich auch zu Hause und lese ein Buch.

11

- Hast du heute Abend Zeit?
- Ja. Was wollen wir machen?
- Vielleicht ins Kino gehen. Oder hast du keine Lust?
- Doch. Was läuft denn?
- Affären a lá Carte. Den haben wir noch nicht gesehen.
- Doch, ich habe ihn schon letzte Woche gesehen.
- Oh, Schade!

15

- Wir möchten zahlen.
- Ja gern. Zusammen oder getrennt?
- Zusammen bitte.
- Sie hatten zweimal Pizza, einen gemischten Salat und … zwei Rotwein?
- Nein, einen Rotwein und ein Bier.
- Ach ja, richtig. Das macht dann zusammen 28 Euro 50.
- 30 Euro, stimmt so.

18c

- Schau mal, am Sonntag gibt es einen Flohmarkt.
- Ich habe keine Lust auf den Flohmarkt!
- Ach, wann ist der denn? Ich suche immer noch eine schöne Lampe für meinen Schreibtisch.
- Der Flohmarkt fängt um 15 Uhr an.
- Hmm, das geht nicht. Da kommt doch mein Onkel mit Familie zum Tee.
- Ach ja, stimmt.
- Aber Papa, guck mal hier: Im Landschaftspark gibt es Spiele für die ganze Familie!
- Und Livemusik. Das hört sich gut an.
- Und um wie viel Uhr?
- Es fängt um 11 Uhr an. Da können wir wirklich hingehen. Bis nachmittags haben wir Zeit.
- Na gut. Dann gehen wir in den Landschaftspark.

4

- Frau Ahlers, Sie haben einen Sohn. Was macht er jetzt?
- Also unser Sohn Jens geht jetzt in die vierte Klasse und wir möchten, dass er danach aufs Gymnasium geht.
- Ist er gut in der Schule?
- Er hat gute Noten, nur in Mathematik muss er besser werden. Wenn er eine Zwei hat, dann kann er aufs Gymnasium gehen.
- Was möchten Sie denn, was soll er später einmal machen?
- Was er nach dem Gymnasium machen soll? Ach, das wissen wir noch nicht, das muss er entscheiden. Er sagt, er möchte Arzt werden. Dann muss er aber sehr gute Noten haben und an der Universität studieren. Vielleicht verdient er dann gut. Und wenn wir krank sind, kann er uns dann helfen, aber das dauert ja noch.

12

1. - Guten Tag, Frau Kutscharova. Ihr Sohn Philipp hat ein sehr gut in Geschichte und ein gut in Englisch.
   - Oh, das ist schön. Er hat auch sehr viel gelernt in der letzten Zeit.
   - Wenn er so weitermacht, kann er sogar ein sehr gut in Mathematik schaffen.
2. - Guten Morgen, Alina. Ich habe eine gute Nachricht für dich. Deine Noten sind besser: in Englisch gut und in Mathe befriedigend. Wenn du das Abitur machen willst, brauchst du noch mindestens befriedigend in Deutsch.
   - Ja, das kann ich schaffen.

17

Also, meine Schulzeit war schön. Unsere Lehrer waren ziemlich streng, aber die Prüfungen waren nicht so schwierig wie heute. Wir mussten auch viel lernen und die Hausaufgaben durften wir nicht in der Schule machen, aber wir hatten auch viel Spaß. Nachmittags konnten wir verschiedene Kurse wählen, zum Beispiel Basketball, Tanzen oder Schach. Unsere Eltern mussten dafür ein bisschen bezahlen. Manchmal wollten wir aber auch lieber

an den Strand gehen und schwimmen, besonders wenn es heiß war. Aber das durften wir nie. Leider.

STATION 1

Teil 1
Beispiel

Guten Tag, hier ist die Firma Elektro Schmidt. Sie haben bei uns Ihren Fernseher zur Reparatur abgegeben. Er ist jetzt fertig und Sie können ihn abholen. Unsere Öffnungszeiten sind von 9.00 bis 18.30 Uhr. Ja, und der Preis für die Reparatur ist 102 Euro.

1. Hallo Elwa. Immer dieser Anrufbeantworter! Hier ist Susanne. Du, Elwa wir wollen doch heute Abend ins Kino. Ich habe die Karten reserviert. Das Kino fängt um acht Uhr an, man muss die Karten aber schon um sieben Uhr an der Kasse abholen. Kannst du das machen? Ich kann erst kurz vor acht da sein. Danke und bis später.

2. Guten Tag. Hier ist die Hausarztpraxis von Dr. Schneider. Wir sind im Urlaub. Am Montag, den 30. August ist unsere Praxis wieder geöffnet. In dringenden Fällen können Sie einen Termin bei unserer Kollegin Frau Dr. Schwarz, Kaiserstraße 42, Telefon 069 24 43 77 bekommen.

3. Verehrte Fahrgäste. In wenigen Minuten erreichen wir Hamburg. Leider hat unser Zug zwanzig Minuten Verspätung. Sie erreichen noch den Regionalexpress 21408 Richtung Lübeck, Abfahrt 8.11 Uhr von Gleis 7 und den Regionalexpress 21008 Richtung Kiel, Abfahrt 8.20 Uhr von Gleis 6. Der ICE 705 nach Berlin, Abfahrt 8.06 Uhr konnte nicht mehr warten. Reisende nach Berlin nehmen bitte den ICE 175, Abfahrt 8.33 Uhr von Gleis 8. Für weitere Informationen beachten Sie bitte die Lautsprecheransagen am Bahnhof.

4. Verehrte Fahrgäste. Bitte beachten Sie: Wegen Bauarbeiten hält die Linie 4 bis zum 20. September nicht an der Haltestelle Eschholzstraße. Umsteigemöglichkeit Richtung Hauptbahnhof und Innenstadt: Haltestelle Technisches Museum, Linien 1 und 3.

Teil 2

5. Jetzt auch in Hamburg! Fitnessline – das besondere Fitnessstudio. Eröffnung am 27. März in der Speicherstadt. Kostenlose Probestunde, individuelle Trainingsprogramme – wir haben für jeden etwas.

6. Und hier noch das Wetter für morgen. Im Süden den ganzen Tag Regen. In der Mitte Wechsel zwischen Sonne und Wolken. Im Norden vormittags Sonne, am Nachmittag ziehen Wolken auf, am Abend kann es vereinzelt zu Regenfällen kommen, sehr windig. Temperaturen nachts bis 9 Grad, tagsüber bis 23 Grad, am Oberrhein bis 25 Grad.

7. Es folgen die Verkehrsnachrichten: A1 Dortmund Richtung Köln zwischen Kreuz Wuppertal-Nord und Wuppertal-Langerfeld 4 km Stau. A43 Recklinghausen Richtung Wuppertal zwischen Sprockhövel und Kreuz Wuppertal-Nord nach Unfall 2 km stockender Verkehr.

8. Und hier ein Programmhinweis. Bitte achten Sie auf folgende Programmänderung: Heute Abend müssen der Krimi Polizeiruf 110 und auch die Talkshow Anne Will leider ausfallen. Diese Sendungen können Sie zu einem späteren Zeitpunkt sehen. Sie sehen heute Abend eine Sendung zur Fußball-Europameisterschaft.

9. Und hier eine Information der Marktbetriebe. Am nächsten Samstag ist Feiertag. Deshalb gibt es den Wochenmarkt diese Woche am Freitag von 8 bis 19 Uhr.

Teil 3
Beispiel

◖ Guten Tag, was kann ich für Sie tun?
◖ Ich suche einen Mantel, gern in Braun.
◖ Mäntel haben wir hier. Welche Größe haben Sie?
◖ 44.
◖ Moment, ich schaue mal … Ja, hier ist ein brauner Mantel in Größe 44. Wollen Sie ihn anprobieren?
◖ Ja, gern … Na ja, eigentlich gefällt mir der Mantel gut. Aber 379 Euro finde ich doch etwas teuer. Haben Sie noch andere Mäntel in Braun?
◖ Nein, im Moment haben wir nur diesen Mantel. Aber nächste Woche bekommen wir neue Ware.
◖ Vielen Dank. Dann warte ich noch.

10. + 11.

◖ Guten Tag, Ich habe gestern bei Ihnen dieses Radio gekauft.

◗ Aha. Ist etwas nicht in Ordnung?

◖ Ja, es funktioniert nicht.

◗ Darf ich mal sehen? Moment … hier ist eine Steckdose. So, jetzt einschalten. Ja, Sie haben recht. Da passiert nichts.

◖ Kann ich ein neues bekommen? Ich habe hier auch den Kassenbon.

◗ Natürlich. Ich gebe Ihnen ein anderes Radio.

12. + 13.

◖ Guten Tag, Herr Wagner.

◗ Guten Tag, Herr Lischka. Das ist wirklich ärgerlich. Die Mülltonnen sind schon wieder voll.

◖ Ach, schon wieder? Die Mülltonnen sind einfach zu klein und immer voll. Die Hausverwaltung muss das ändern.

◗ Ja, wir bezahlen Miete und Nebenkosten, aber die Hausverwaltung macht nichts.

◖ Ich schlage vor, dass wir einen Brief an die Hausverwaltung schreiben. Wenn Sie Zeit haben, können Sie heute Abend bei mir vorbeikommen.

◗ Einverstanden. Dann bitten wir die Hausverwaltung, dass sie bei der Stadt noch zwei Mülltonnen bestellt.

14. + 15.

◖ Sakine Yildirim.

◗ Guten Tag, Frau Yildirim. Hier spricht Bianca Busch. Ich bin die Klassenlehrerin von Mahmud.

◖ Guten Tag, Frau Busch.

◗ Ich rufe an, weil die Noten von Ihrem Sohn Mahmud in den letzten Monaten schlechter geworden sind.

◖ Ja, das habe ich auch schon gesehen. Besonders in Deutsch ist er sehr schlecht. Leider kann ich ihm da nicht helfen, denn mein Deutsch ist nicht gut genug.

◗ Das ist auch nicht nötig. Es gibt Angebote für Schüler mit Problemen. Ich schlage vor, Sie kommen mit Mahmud einmal zu mir in die Schule und dann sprechen wir über die Angebote. Haben Sie am nächsten Dienstag um 15 Uhr Zeit?

◖ Ja, das geht.

◗ Also dann bis nächsten Dienstag. Auf Wiederhören, Frau Yildirim.

16. + 17.

◖ Hier spricht Helmut Asal.

◗ Guten Tag, mein Name ist Kurt Waldvogel. Ich habe Ihre Wohnungsanzeige gelesen. Ist die Wohnung noch frei?

◖ Ja, sie ist noch frei.

◗ Ich habe einige Fragen. In der Anzeige steht 450 Euro plus Nebenkosten. Wie hoch sind denn die Nebenkosten?

◖ Die Nebenkosten liegen bei ungefähr 120 Euro.

◗ Außerdem schreiben Sie, dass die Wohnung in Landwasser liegt. Da sind einige sehr ruhige Straßen, aber die Hauptstraße mit der Straßenbahn und den Bussen ist sehr laut. Wo liegt die Wohnung genau?

◖ Im Auerweg.

◗ Sehr gut, da ist es ruhig. In welchem Stockwerk ist die Wohnung?

◖ Im Erdgeschoss.

◗ Ach, das ist nicht so gut. Ich wohne lieber im zweiten oder dritten Stock. Trotzdem vielen Dank für die Informationen.

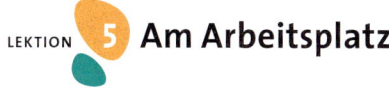

LEKTION **5** **Am Arbeitsplatz**

2

1. Mit sechs Jahren wollte ich Busfahrer werden – wie mein Opa. Na ja, ich habe dann nach dem Abitur Medizin studiert. Jetzt bin ich Arzt und arbeite in einem Krankenhaus.

2. Als kleines Mädchen hatte ich lange Haare und habe immer neue Frisuren ausprobiert. Das hat mir Spaß gemacht und so wollte ich Friseurin werden. Heute arbeite ich als Köchin in einem Hotel. Das ist anstrengend, aber es macht mir auch Spaß.

3. Früher habe ich mir neue Maschinen ausgedacht und habe sie gemalt, ich wollte sie alle später konstruieren. Ich wollte Ingenieur werden, aber dann habe ich doch kein Abitur gemacht. Jetzt bin ich Mechatroniker.

25

1. Ich mag Betriebsausflüge. Es ist gut, wenn man die Kollegen nicht nur bei der Arbeit sieht. Man muss auch private Kontakte haben, dann lernt man die Kollegen besser kennen und die Arbeit macht mehr Spaß.

2. Betriebsausflüge sind eigentlich gut, aber es ist wichtig, dass alle Kollegen mitkommen, auch die Chefs. Letztes Jahr ist unser Chef nicht mitgekommen. Er hatte einen wichtigen Termin in Berlin. So hat der Betriebsausflug ohne den Chef stattgefunden, das war sehr schade.

3. Ich finde, dass Betriebsausflüge manchmal gut und manchmal schlecht sind. Wichtig ist, dass das Programm gut ist. Bei unserem letzten Betriebsausflug haben wir ein Museum besucht. Das war sehr interessant. Aber manchmal machen wir nur eine Wanderung.

4. Betriebsausflüge mag ich nicht. Ich bleibe dann immer zu Hause. Ich sehe meine Kollegen bei der Arbeit oft genug. Es ist doch langweilig, wenn die Arbeitskollegen aus der ganzen Firma auch in der Freizeit zusammen sind! In meiner Freizeit treffe ich lieber meine Freunde.

LEKTION 6 **Wohnen nach Wunsch**

1

1. ◖ Herr Bach, wie wohnen Sie?
   ◖ Wir wohnen jetzt sehr schön. Wir haben eine Wohnung in einem Mietshaus, im fünften Stock, die Wohnung ist schön groß und sehr hell. Wir haben auch einen Balkon, das ist wichtig für uns, denn wir mögen gern Blumen und wir sitzen gern im Sommer abends draußen. Der Balkon geht nach Westen, und wenn wir abends von der Arbeit zurückkommen, dann haben wir immer noch Sonne. Und hinter dem Haus ist ein Hof mit einem Spielplatz. Unser Sohn kann auch alleine runtergehen und dort spielen. Wir können ihn vom Balkon aus sehen. Das ist sehr praktisch. Wir wohnen sehr gern hier.

2. ◖ Frau Kaven, wo liegt Ihre Wohnung? Wie wohnen Sie?
   ◖ Sie liegt ziemlich zentral, ganz in der Nähe vom Bahnhof. Unsere Straße ist eine Einkaufs-straße, es gibt viele Geschäfte ganz in der Nähe. Das ist sehr praktisch, wir brauchen kein Auto, wir können alles zu Fuß oder mit öffentlichen Verkehrsmitteln machen. Mein Mann fährt mit der U-Bahn zur Arbeit und ich fahre mit dem Fahrrad, ich brauche nur zehn Minuten. Na ja, und wenn wir abends ausgehen wollen oder ins Kino gehen wollen, dann ist das auch kein Problem. Bei uns in der Nähe gibt es drei Kinos und viele Restaurants. Mir gefällt's hier.

3. ◖ Herr Müller, wie wohnen Sie?
   ◖ Wir haben früher in der Stadt gewohnt, aber jetzt haben wir Kinder, zwei kleine Kinder, 3 und 5 Jahre alt. Deshalb haben wir uns ein Haus auf dem Land gesucht, in einem kleinen Dorf. Ich brauche jetzt lange zur Arbeit, ich fahre fast eine Stunde, das ist natürlich ein Nachteil. Meine Frau hat Glück, sie ist Lehrerin und kann in der Schule im Dorf arbeiten. Und unser Haus ist wunderschön. Wir haben einen großen Garten hinter dem Haus, und die Straße vor dem Haus ist ruhig, da fahren nicht so viele Autos. Das ist gut für die Kinder. In der Stadt hatte ich immer Angst, dass die Kinder auf die Straße laufen, hier bei uns ist das kein Problem, es gibt nicht viele Autos in unserer Straße und die Autos fahren langsam. Ich bin sehr froh, dass wir jetzt hier wohnen.

8

◖ Meier-Angermann.
◖ Guten Tag, mein Name ist ... Ich habe Ihre Anzeige in der Zeitung gelesen.
◖ Die 3-Zimmerwohnung in der Mozartstraße?
◖ Ja, genau. Ist die Wohnung noch frei?
◖ Ja, sie ist noch nicht vermietet, aber es gibt schon ein paar Interessenten.
◖ Kann ich die Wohnung besichtigen?
◖ Gern, kommen Sie doch heute Abend um sieben.
◖ Oh, das ist schwierig. Ich arbeite bis sieben. Kann ich auch etwas später kommen?
◖ Kein Problem, ich bin bis acht in der Wohnung.
◖ Danke schön und auf Wiedersehen.
◖ Auf Wiedersehen.

2b

1. ◖ Welcher Tag ist heute?
   ◖ Heute ist Freitag, der fünfte Juni.
   ◖ Juli oder Juni?
   ◖ Der fünfte Juni, der fünfte Sechste.

2. ◖ Sag mal, kannst du mir sagen, welcher Tag heute ist?
   ◖ Heute ist Mittwoch, der achte Siebte, der achte Juli.

3. ◖ Ist heute der einundzwanzigste oder der zweiundzwanzigste?
   ◖ Warte mal, gestern hatte Lisa Geburtstag, das war der zwanzigste. Also ist heute der einundzwanzigste.
   ◖ Okay, also ist heute der einundzwanzigste Fünfte zweitausend ...

6

1. ◖ Zahnarztpraxis Dr. Schwind, Akin, guten Tag.
   ◖ Guten Tag, mein Name ist Wang, ich hätte gern einen Termin.
   ◖ Geht es auch am Vormittag?
   ◖ Nein, ich kann erst nach 17 Uhr.
   ◖ Gut, dann habe ich einen Termin am 22. 9. um 17.30 Uhr.
   ◖ Oh, tut mir leid, da kann ich nicht.
   ◖ Dann erst wieder am 21.10. um 18 Uhr. Sagen Sie bitte noch einmal Ihren Namen ...

2. ◖ Wo wohnst du?
   ◖ In der Merianstraße. Wenn du von der U-Bahn kommst, dann ist unser Haus auf der linken Seite, die Nummer 11. Es ist das fünfte Haus und wir wohnen im zweiten Stock.
   ◖ Ok, das fünfte Haus, die Nummer 11 und dann im zweiten Stock.

14

1. Unsere Hochzeit war sehr schön, aber es war auch viel Arbeit. Wir hatten Glück, unsere Eltern haben uns geholfen, wir mussten nicht alles alleine machen. Wir haben unsere Verwandten und Freunde eingeladen, das waren 80 Leute. Wir waren erst auf dem Standesamt und dann in der Kirche, und danach sind wir ins Restaurant gegangen und haben Café getrunken. Ich habe aber keinen Kuchen gegessen, ich hatte keine Zeit. Ich musste die Gäste begrüßen und dann mussten wir unser Hochzeitsfoto machen. Das hat eine Stunde gedauert. Abends haben wir im Restaurant gegessen, fünf Gänge, sehr fein und dann haben wir getanzt. Ich habe erst natürlich mit meiner Frau getanzt und auch alle anderen haben sehr viel getanzt. Es war eine sehr lustige Hochzeit.

2. Meine Hochzeit war nicht so groß. Ich habe nicht so viele Verwandte und mein Mann wollte nicht groß feiern. Deshalb haben wir nur vier Freunde eingeladen und natürlich waren unsere Eltern auch da. Wir waren auf dem Standesamt, haben Ringe getauscht und sind dann Essen gegangen. Danach sind wir sofort weggefahren. Wir haben unsere Hochzeitsreise nach Australien gemacht. Das war wunderschön.

20

◖ Sie sind immer so freundlich!
◖ Danke schön, Sie auch.
◖ Die Hose steht dir super!
◖ Wirklich? Das ist nett von dir.
◖ Ihr Kind ist immer so höflich.
◖ Meinen Sie?
◖ Du siehst heute fantastisch aus!
◖ Danke, du auch.

Grammatikkarten

Wo und wohin? Wechselpräpositionen

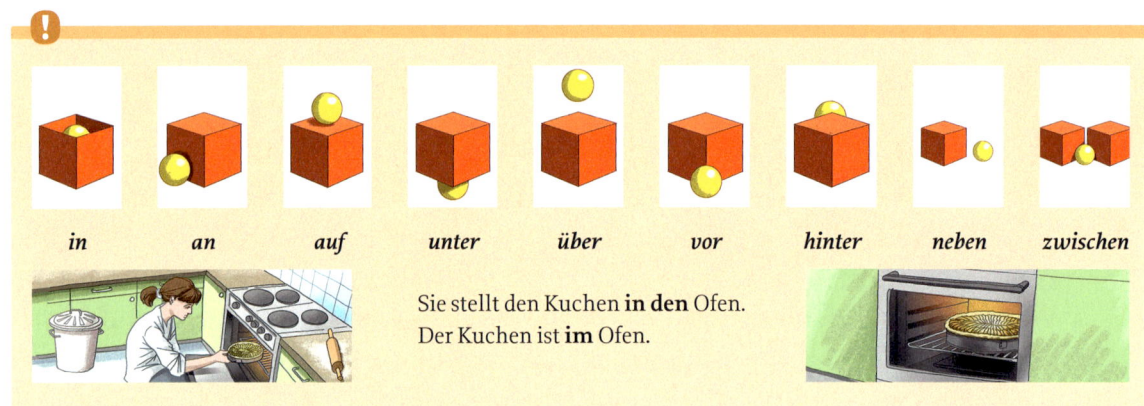

| in | an | auf | unter | über | vor | hinter | neben | zwischen |

Sie stellt den Kuchen **in den** Ofen.
Der Kuchen ist **im** Ofen.

1 Samstagnacht in der Wildmundstraße 4. Was ist wo? Beschreiben Sie, Ihr Partner/Ihre Partnerin zeichnet.

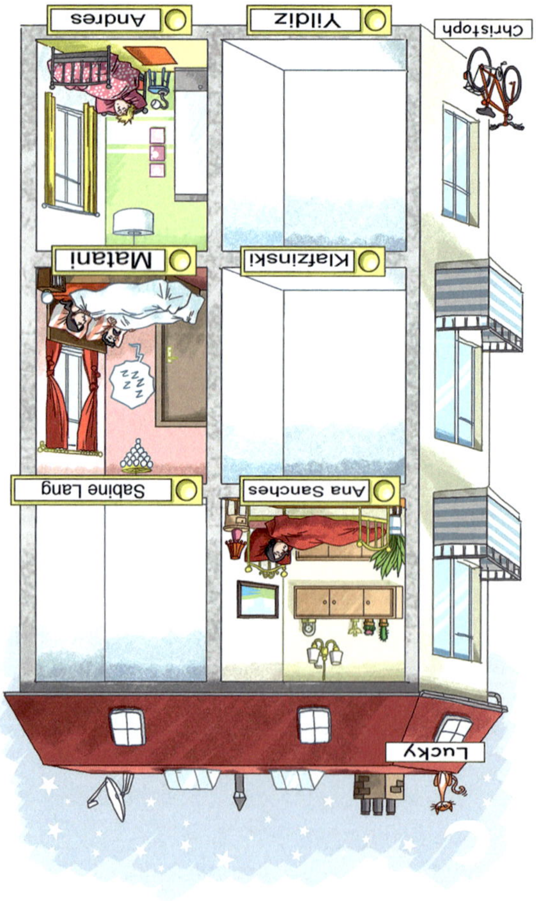

Wie sieht die Wohnung von Ana Sanchez aus?

An der Wand steht ein Bett. Über dem Bett ...

das Haus
das Fenster
der Balkon
der Boden
die Wand
die Decke

der Stuhl
der Tisch
der Ofen
die Kommode
der Schrank
das Bild
die Vase
der Sonnenschirm
die Blume
die Lampe

die Leiter
die Tasche
der Schlüssel
das Handy
die Zeitung
der Teller
die Tasse
der Kuchen
das Kleid
die Bluse
der Mantel

hängen
stellen
legen
springen
fallen
fahren

Wohin legt Frau Andres die Zeitung?

Auf den Tisch neben …

Wohin geht …?

Wohin stellt …?

Perfekt

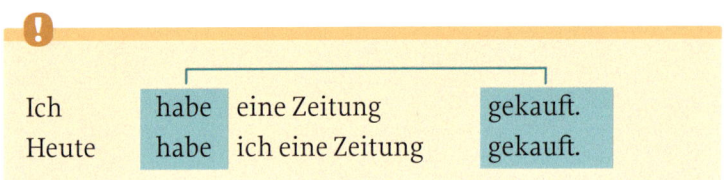

| Ich | habe | eine Zeitung | gekauft. |
| Heute | habe | ich eine Zeitung | gekauft. |

1 **Fragen und antworten Sie.**

kaufen – lesen – essen – bekommen –
sehen – verlieren – vergessen

Was hast du gestern gemacht?

Ich habe eine DVD gesehen.

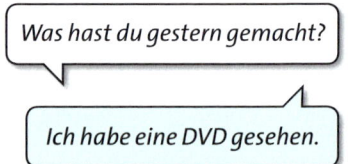

gekauft
gelesen
gegessen
bekommen
gesehen
verloren
vergessen

ein Buch   *eine DVD*   *eine Zeitschrift*

eine Zeitung   *einen Mantel*   *eine Hose*

eine Krawatte   *ein Paar Schuhe*   *eine Kette*

einen Ball   *eine Schachtel Pralinen*   *Schokolade*

ein Auto   *eine Waschmaschine*   *einen Schrank*

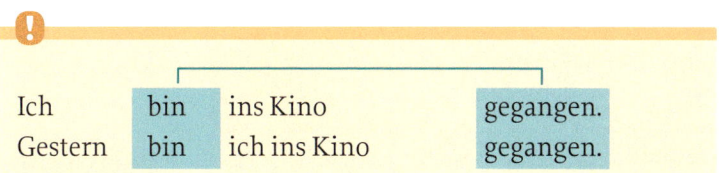

Ich	**bin**	ins Kino	**gegangen.**
Gestern	**bin**	ich ins Kino	**gegangen.**

2   Fragen und antworten Sie.

gehen – fahren – fliegen

> *Wohin bist du letztes Jahr gefahren?*

> *Ich bin ans Meer gefahren.*

gegangen
gefahren
geflogen

ins Restaurant

ins Kino

in die Disko

ins Theater

zum Supermarkt

auf den Markt

zum Kiosk

auf den Spielplatz

zur Schule

zum Kindergarten

in den Park

nach Berlin

ans Meer

zu meinen Verwandten

zu meinen Freunden

Nebensätze mit *weil*

◖ Warum kauft Herr Weber die Hose nicht?　　　◖ Warum ist Marianne unzufrieden?
◖ Die Hose ist zu groß.　　　　　　　　　　　　◖ Ihr Freund ruft nicht an.

Herr Weber kauft die Hose nicht,	**weil** die Hose zu groß	ist.
Marianne ist unzufrieden,	**weil** ihr Freund nicht	anruft.

1 **Warum ist Herr Deinhardt nicht im Büro? Fragen und antworten Sie.**

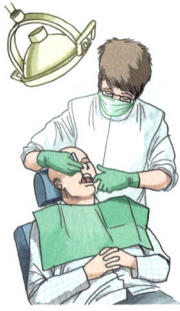

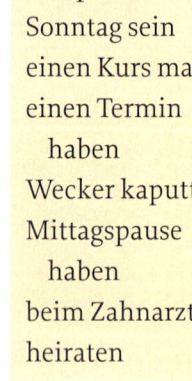

krank sein
im Stau stehen
Waschmaschine
　kaputt sein
Sonntag sein
einen Kurs machen
einen Termin
　haben
Wecker kaputt sein
Mittagspause
　haben
beim Zahnarzt sein
heiraten

Warum ist Herr Deinhardt nicht im Büro?　　*Weil er beim Zahnarzt ist.*

Nebensätze mit *wenn*

Wenn ich die Führerscheinprüfung **bestehe,** (dann) **kaufe** ich ein Auto.
Wenn ich die Führerscheinprüfung nicht **bestehe,** (dann) **muss** ich sie noch einmal machen.

1 *Wenn ..., dann ...* Spielen Sie und bilden Sie Sätze.

Wenn ich ...
ein Geschenk
    bekomme,
gute Noten habe,
eine Freundin anrufe,
Urlaub habe,
Geld bekomme,
Fieber habe,

dann ...
freue ich mich.
will ich studieren.
sprechen wir lange.
fahre ich ans Meer.
kaufe ich ein Auto.
bleibe ich im Bett.

Wenn ich ein Geschenk bekomme, dann freue ich mich.

Adjektivendungen nach dem unbestimmten Artikel

	Nominativ				Akkusativ		
m	Das ist **ein**	schön**er**	Mann.	**m**	Die Frau trägt **einen**	schön**en**	Mantel.
n	Das ist **ein**	schön**es**	Auto.	**n**	Die Frau trägt **ein**	schön**es**	Kleid.
f	Das ist **eine**	schön**e**	Frau.	**f**	Die Frau trägt **eine**	schön**e**	Kette.
Pl.	Das sind	schön**e**	Kinder.	**Pl.**	Die Frau trägt	schön**e**	Schuhe.

1 Ratespiel: Wer ist das? Beschreiben Sie eine Person. Ihr Partner / Ihre Partnerin muss raten.

Maria

Daria

Anna

Elena

Lena

Mariem

der Rock
der Mantel
der Anzug

das Kleid
das Hemd
das T-Shirt

die Hose
die Bluse
die Jeans
die Jacke
die Tasche
die Krawatte

die Haare (Pl.)
die Schuhe (Pl.)
die Socken (Pl.)
die Ohrringe (Pl.)

Marco

Werner

Thomas

Alexander

Paul

Stefan

Meine Person hat lange Haare und trägt rote Schuhe.

Das ist Maria.

Nein, das ist eine andere Person. Sie trägt auch einen ...

Bild- und Quellenverzeichnis

Bildquellen:

Cover © Cornelsen Verlag, Miethe – **S. 4** © Fotolia, bsilvia (RF) – **S. 5** unten: © iStockphoto, Parnell (RF) – **S. 7** oben links: © iStockphoto, Abejon (RF); oben rechts: Wikimedia Commons, CC Attr. Sha 3.0, © Wolf; unten links: © Gemeindeverwaltung Calden; unten rechts: © Fotolia, bilderbox (RF) – **S. 13** links: © Fotolia, Euqirneto (RF); rechts: Wikipedia, gemeinfrei, © Lueers – **S. 16** links und rechts: © Fotolia, Eckgold (RF) – **S. 18** oben: Wikimedia Commons, GNU, © GeorgHH; unten: © Fotolia, ctacik (RF) – **S. 19** oben: © Fotolia, Kroener (RF); unten: © Fotolia, Dream-Emotion (RF) – **S. 21** oben: © iStockphoto, Schmidt (RF); unten: © Digitalstock, Jaksch (RF) – **S. 24** 3: © Fotolia, Arcurs (RF) – **S. 26** © Fotolia, arashamburg (RF) – **S. 28** © iStockphoto, Neudert (RF) – **S. 29** © iStockphoto, Pumba 1 (RF) – **S. 30** 1: © gid-right Ltd. & Co. KG; 2: © Fotolia, Lianem (RF); 3: © Zoo Duisburg; 4: © Duisburg Marketing GmbH – **S. 33** © iStockphoto, Chutka (RF) – **S. 35** links: © Fotolia, Karwowska (RF); 2. von links: © Pixelio, Delater; 2. von rechts: © Fotolia, Janni (RF); rechts: © Fotolia, Bumann (RF) – **S. 38** © iStockphoto, Rich (RF) – **S. 41** A: © iStockphoto, Basílio (RF); B: © iStockphoto, Parnell (RF); C: © iStockphoto, Swartz (RF) – **S. 48** 2. von links: © iStockphoto, Fatur (RF); 2. von rechts: © iStockphoto, Legg (RF); rechts: © iStockphoto, Tezak (RF) – **S. 49** links: © iStockphoto, kate (RF); rechts: © Corbis, Image Source (RF) – **S. 51** © Adpic, Arcurs (RF) – **S. 53** © Adpic, Rebmann (RF) – **S. 54** © Alamy (RF) – **S. 55** © Museum Frieder Burda – **S. 58** 1 und 2: © Jin – **S. 60** 1: © iStockphoto, Murillo (RF); 2: © Fotolia, pressmaster (RF); 3: © Fotolia, Telemann (RF) – **S. 62** oben: © Fotolia, Tilly (RF); unten: © Fotolia, Figge (RF) – **S. 68** links: © Colourbox (RF); rechts: © Pixelio, Cornerstone – **S. 71** 1: © Fotolia, chickenstock (RF); 2: © Fotolia, RRF (RF); 3: © Fotolia, Kroener (RF); 4: © Fotolia, cameraw (RF); 5: © Fotolia, yamix (RF); 6: © Fotolia, massi b (RF) – **S. 72** oben: © Digitalstock, Luger (RF); unten: © Digitalstock, Sterner (RF) – **S. 75** Karneval der Kulturen, © Incoronato – **S. 79** © Fotolia, Bcubic (RF) – **S. 90** 1. Reihe links: © Digitalstock, Lange (RF); 1. Reihe Mitte: © Fotolia, Ölci (RF); 1. Reihe rechts: © Fotolia, dinostock (RF); 2. Reihe links: © Fotolia, Digital-press (RF); 2. Reihe Mitte: © Fotolia, istihza (RF); 2. Reihe rechts: © Fotolia, Eppele (RF); 3. Reihe links: © Fotolia, cameraw (RF); 3. Reihe Mitte: © Fotolia, kai-creativ (RF); 3. Reihe rechts: © Fotolia, chickenstock (RF); 4. Reihe links: © Pixelio, Hofschlaeger; 4. Reihe Mitte: © Fotolia, RRF (RF); 4. Reihe rechts: © Fotolia (RF); 5. Reihe links: © Fotolia, Fatman73 (RF); 5. Reihe Mitte: © iStockphoto, Petkov (RF); 5. Reihe rechts: © Cornelsen Verlag; 6. Reihe: © Fotolia, Pfluegl (RF) – **S. 91** 1. Reihe links: © iStockphoto, fotopsia (RF); 1. Reihe Mitte: © Pixelio, Leps; 1. Reihe rechts: © Fotolia, Laser (RF); 2. Reihe links: © Pixelio, Winter; 2. Reihe Mitte: © Wikimedia Commons, GNU; 2. Reihe rechts: © Pixelio, Heike; 3. Reihe links: © Digitalstock, Haab (RF); 3. Reihe Mitte: © Pixelio, Rike; 3. Reihe rechts: © Fotolia, Wawrzyn (RF); 4. Reihe links: © Pixelio, Hartmut910; 4. Reihe Mitte: © Fotolia, danielschoenen (RF); 4. Reihe rechts: © Pixelio, Sturm; 5. Reihe links: © Adpic, Lange (RF); 5. Reihe Mitte: © Shutterstock, Smith (RF); 6. Reihe: © iStockphoto, nullplus (RF) – **S. 92** © iStockphoto, e-rasmus (RF)

S. 5 oben: © picture-alliance/dpa, Zucchi – **S. 6** © picture-alliance/dpa, Tschauner – **S. 9** © picture-alliance/ZB, Schindler – **S. 24** 1: © ullstein bild, Kujath; 2: © picture-alliance/dpa, Ossinger – **S. 48** links: © ullstein bild, ecopix – **S. 58** 3: © ullstein bild, joko – **S. 68** 2. von links: © picture-alliance/dpa, Altwein; 2. von rechts: © ullstein bild, Meißner – **S. 91** 5. Reihe rechts: © mauritius images, SuperStock

CD Inhalt

Auf dieser CD für die Lernenden finden Sie alle Hörtexte und Phonetikübungen zum Arbeitsbuch.

LÖSUNGEN
ANTWORTBOGEN
TEILBAND 1

A2

Deutsch als Zweitsprache

Pluspunkt Deutsch

→ NEUE AUSGABE

Lösungen

1

1. Woher – **2.** Wo – **3.** Wie lange –
4. Welche – **5.** Wie – **6.** Wohin

4

einem – einem – einer

5

1. Sein – Seine – Sein – seine – Sein
2. Ihr – Ihr – ihr – Ihre

6

1. Er ist in Ghana und in Deutschland zur Schule gegangen.
2. Er hat gern Fußball gespielt.
3. Die Ärzte haben eine Herzkrankheit festgestellt.
4. Er hat in der Nationalmannschaft gespielt.
5. Er hat mit seiner Mannschaft den Pokal gewonnen.

7

sind – ist – hat – ist – hat – ist

8a

gewohnt – gemacht – abgeholt – gespielt – besucht – verdient – gelernt – gearbeitet – beantragt

8b

gekommen – gegangen – gefahren – geblieben – umgezogen – mitgekommen

9

1. suchen – verdienen
2. kaufen – bezahlen
3. abfahren – ankommen

10

nach – in – bei – von ... nach – In

11 *Beispiel:*

Frau Tokaryk ist 2001 nach Deutschland gekommen. Sie hat zuerst in Dortmund bei Verwandten gewohnt. 2002 hat sie einen Deutschkurs gemacht. Dann hat sie 2003 eine Wohnung gefunden und ihr Mann ist auch nach Deutschland gekommen. 2004 hat Frau Tokaryk in Dortmund Arbeit gesucht. Sie hat 2005 in Bochum Arbeit gefunden und ist nach Bochum umgezogen.

12a

A 3 – B 1 – C 2 – D 4

12b

9 – 5 – 2 – 3 – 1 – 7 – 4 – 6 – 8

12c *Beispiel:*

Herr Sorokin ist 2007 nach Deutschland gekommen. Er hat zuerst in der Nähe von Kassel gewohnt. Er hat dort keine Arbeit gefunden. Dann ist er zu seinem Onkel nach Frankfurt umgezogen und hat einen Sprachkurs gemacht. Im Sprachkurs hat er viele nette Leute kennengelernt. Die Prüfung hat er beim zweiten Mal geschafft. Dann hat er auch eine Arbeit gefunden. Jetzt möchte er wieder als Ingenieur arbeiten.

13

mein – meine – unsere – Ihre

14

eure – unsere – unsere – ihre – unsere – eure

15

mein – dein – sein – ihr – unser – euer –
ihr – Ihr Stift
mein – dein – sein – ihr – unser – euer –
ihr – Ihr Heft
meine – deine – seine – ihre – unsere – eure –
ihre – Ihre Tasche
meine – deine – seine – ihre – unsere – eure –
ihre – Ihre Bücher

16

1. Ihre – **2.** dein – **3.** eure – **4.** Ihre – **5.** Ihre –
6. euer

17

Ihren – Ihre – Ihre – Ihr – Ihren – Ihre – meine –
Ihren – ihren

18

habe ... studiert – habe ... kennengelernt – haben ...
geheiratet – habe ... bekommen – sind ... gegangen – sind ... gekommen – haben ... geholfen – haben ... gewohnt – habe ... gefunden – ist ... geblieben

19 *Beispiel:*

1. Wie lange lernen Sie schon Deutsch? –
Seit einem Jahr.
2. Sprechen Sie viel mit Deutschen? –
Ich spreche nicht viel mit Deutschen.
3. Sehen Sie auch deutsche Filme im Fernsehen? –
Ja, ich sehe oft deutsche Filme.

20 *Beispiel:*

1. schwierig – einfach
2. lustig – wichtig – unwichtig
3. langsam – laut – schnell

21

1. sprichst – spreche – **2.** sprechen – **3.** spricht –
4. sprechen – spreche

22a

2. D – **3.** A – **4.** C

24a

D – C – A – E

25a

2. gemütlich – **3.** langweilig – **4.** laut –
5. schmutzig – **6.** modern

25b

links: groß – hektisch – interessant – laut –
schmutzig – modern
rechts: klein – gemütlich – langweilig – ruhig –
sauber – alt

26

2. behalten – **3.** verstehen – **4.** haben –
5. machen – **6.** lernen – **7.** schreiben – **8.** lesen –
9. besuchen

LEKTION **2** Medien

1a

2. der Fernseher – **3.** die Zeitung –
4. das Handy / das Telefon – **5.** der Computer –
6. der MP3-Player

1b

hört – liest – hören – arbeitet – ruft ... an

2a

1. morgens – **2.** vormittags – **3.** mittags –
4. nachmittags – **5.** abends

2b

2. Vormittags arbeite ich immer in einem Geschäft.
3. Mittags esse ich immer in der Kantine.
4. Nachmittags mache ich immer Sport.
5. Abends sehe ich immer fern.

2c

2. A – **3.** B – **4.** E – **5.** D

4

1. sieht Filme – **2.** chattet mit Freunden –
3. vergleicht Preise

5

2. weil sie mit dem Handy telefoniert.
3. weil er Musik hört.
4. weil sie im Internet surft.
5. weil sie fernsieht.

6a

2. F – **3.** A – **4.** C – **5.** E – **6.** B

6b

2. Warum surft sie im Internet? – Weil sie Urlaubsangebote sucht.
3. Warum packt sie den Koffer? – Weil sie morgen nach Griechenland fliegt.
4. Warum nimmt sie ein Abendkleid mit? – Weil sie abends ausgehen will.
5. Warum kauft sie ein Buch? – Weil sie im Urlaub lesen möchte.
6. Warum nimmt sie ihren MP3-Player mit? – Weil sie im Flugzeug Musik hören will.

7a

2. Maja lernt Französisch, weil sie in Paris studieren will.
3. Paulina lernt Englisch, weil ihr Freund aus den USA kommt.
4. Olaf lernt Norwegisch, weil er nach Norwegen geht.

7b

2. Maja lernt Französisch, denn sie will in Paris studieren.
3. Paulina lernt Englisch, denn ihr Freund kommt aus den USA.
4. Olaf lernt Norwegisch, denn er geht nach Norwegen.

8a

1. Er liest den Kindern vor.
2. Er holt die Kinder von der Schule ab.
3. Er kommt spät zurück.

8b

1. Er kann nicht fernsehen, weil er den Kindern vorliest.
2. Er fährt nicht nach Hause, weil er die Kinder von der Schule abholt.
3. Er ruft seine Frau an, weil er spät zurückkommt.

9 *Beispiel:*

1. Weil es regnet.
2. Weil er seine Familie abholt.
3. Weil er noch Auto fahren muss.
4. Weil sie am Morgen früh aufstehen muss.

10a

1. das Quiz – 2. die Nachrichten – 3. der Krimi – 4. der Fernsehfilm – 5. der Sport – 6. das Kinderprogramm – 7. der Tierfilm – 8. die Musiksendung

10b

1. – 2. – 5.

13

◖ Was kommt heute Abend im Fernsehen?
◖ Aber es gibt auch einen Film mit Julia Roberts.
◖ Um zehn.
◖ Na gut.

14 *Beispiel:*

◖ Wollen wir heute Abend fernsehen?
◗ Ja, gern. Was kommt denn?
◖ Es kommt ein Tierfilm, ein Quiz und ein Krimi.
◖ Wir können den Tierfilm sehen.
◖ Nicht so gern, ich möchte lieber den Krimi sehen.
◖ Ich habe eine Idee. Wollen wir lieber ausgehen?
◖ Ja, das ist viel besser.

15

1. Welche – 2. Warum – 4. Wann
1. B – 2. A – 3. D – 4. C

16a

Radio – Fernsehen – Bücher – Handy

16b

☺ 1. Radio – 3. Bücher

☹ 2. Fernsehen – 4. Handy

17a *Beispiel:*

Ich finde, dass der Winter sehr kalt ist.
Ich denke, dass man am Wochenende viel machen kann.
Ich finde es gut, dass alle Menschen in Deutschland ein Auto haben.
Ich finde es schlecht, dass Zugfahrkarten in Deutschland sehr teuer sind.
Es ist nicht gut, dass man nur schwer eine Wohnung findet.

17b

1. Ich finde, dass der Winter in Norwegen noch kälter ist.
2. Ich bin dagegen, dass alle ein Auto haben.
3. Ich bin dafür, dass die Menschen mehr Fahrrad fahren.

18

🙂 Es ist gut, dass ... – Ich bin dafür, dass ... – Ich finde es gut, dass ...

🙁 Ich finde es schlecht, dass ... – Es ist schlecht, dass ... – Ich bin dagegen, dass ...

20

Zuerst schaltet man den Computer ein. Dann öffnet man ein neues Word-Dokument. Danach schreibt man den Text und druckt den Brief aus. Dann speichert man die Datei. Danach schließt man die Datei und schaltet den Computer aus.

22a

D – E – B – C – A

22b

1. Integrationskurse haben Erfolg
2. Schneechaos in München

22c

1. 500.000 Migranten haben die Sprach- und Orientierungskurse besucht.
2. Weil Schnee und Glatteis den Verkehr behindert haben.

23

D – G – B – C – F – A – E

24

1. hören – 2. anrufen – 3. einschalten – 4. anmelden – 5. abholen

LEKTION  **3 Endlich Wochenende**

1

1. Picknick machen – spazieren gehen
2. einkaufen – essen gehen
3. tanzen – Freunde treffen

2

1. im Restaurant. – 2. Im Park oder im Garten. – 3. Im Kaufhaus. – 4. In der Disko.

3a

A Sa – C Sa – D So – E So – F So

3b

Dann trifft sie Freunde und geht ins Kino. Sonntags kocht sie. Dann geht sie spazieren oder liest ein Buch.

4a

2. Jan geht ins Café. – 3. Jan geht in die Disko. – 4. Jan geht ins Fußballstadion.

4b

ins Café – in die Disko – ins Fußballstadion

4c

Hallo Ema,
ich bin schon zwei Tage in Berlin. Hier kann man wirklich viel machen. Gestern bin ich in die Stadt gegangen. Danach bin ich ins Café gegangen und habe dort Zeitung gelesen und Kaffee getrunken. Am Abend bin ich in die Disko gegangen, dort habe ich Joachim kennengelernt. Heute sind wir ins Fußballstadion gegangen und haben ein Fußballspiel gesehen. Jetzt bin ich müde und gehe ins Bett.
Liebe Grüße
dein Jan

5a

die Blumen – das Glas – der Löffel – das Messer – die Gabel – der Teller – die Serviette

5b *Beispiel:*

Das Messer ist neben der Gabel. Der Löffel ist zwischen den Blumen und dem Glas. Die Gabel ist links neben dem Messer. Der Teller ist links neben der Gabel. Das Glas steht auf dem Tisch. Die Serviette ist auf dem Teller. Die Blumen sind links neben dem Löffel.

6
1. Die Katze steht zwischen den Stühlen.
2. Die Katze läuft unter den Tisch. – Die Katze liegt unter dem Tisch.
3. Die Katze springt auf die Bank. – Die Katze liegt auf der Bank.
4. Die Katze springt auf den Tisch. – Die Katze sitzt auf dem Tisch.

7
wo: unter dem Tisch, auf der Bank, neben dem Glas, zwischen den Stühlen
wohin: unter den Tisch, auf die Bank, neben das Glas, zwischen die Stühle

8
am See – auf die Terrasse – im Kino – Ins Kino – in der Disko

10
1. Nein – Doch
2. Ja – Nein – Doch

12
keine – Doch – kein – Doch – nicht – Doch

13 *Beispiel:*
Hallo Max! Doch ich habe Zeit, aber ich möchte lieber ins Schwimmbad gehen. LG Tina

14
1. reservieren – 2. bestellen – 3. bezahlen

15
1. B – 2. B – 3. A

16
1. Wir möchten gern bestellen.
2. Was ist das: Matjesfilet? – Ich nehme das Gulasch mit Kartoffeln. – Ein Mineralwasser, bitte.

3. Ich möchte zahlen, bitte. – Stimmt so.

17
1. Spaghetti – 2. Fisch – 3. Kaffee – 4. Pommes – 5. Rotwein – 6. Tomatensuppe – 7. Eis – 8. Apfelstrudel – 9. Bier – 10. Hähnchen

18a
1 – 3 – 4

18b
1. Wann fängt die Zoosafari an?
2. Wo ist der Flohmarkt?
3. Wann ist das Weinfest?
4. Was gibt es im Landschaftspark?

18c
1. Falsch – 2. Richtig – 3. Richtig – 4. Falsch

20
1. Seit einem Monat. – 2. Am Rhein spazieren gehen. – 3. In der Altstadt. – 4. Weil er für seine Deutschprüfung lernt.

22 *Beispiel:*
die Speisekarte – das Glas – der Teller – die Gabel – das Messer – die Serviette – der Gast – der Tisch

23
links: reserviert – Speisekarte – bestellen
rechts: Rechnung – getrennt oder zusammen – macht – stimmt so

24
1. B – 2. A – 3. E – 4. C
Beispiel:
Ich verbringe den Sonntag mit meiner Familie.
Am Samstag feiern wir ein Fest.
Ich habe die Prüfung bestanden.
Max geht gern ins Fitnessstudio.

LEKTION 4 Schule

1a

die Hausaufgaben – der Schüler – der Unterricht – die Musik – die Ferien – die Pause – der Lehrer – die Noten – der Schulhof

1b *Beispiel:*

2. Mein Lehrer war freundlich.
3. Ich hatte viel Hausaufgaben.
4. In meiner Heimat hatte man lange Ferien.
5. In der Pause waren wir auf dem Schulhof.

2

1. Englisch – 2. Deutsch – 3. Biologie – 4. Kunst – 5. Geschichte – 6. Mathematik

3a

1. die Kita – 2. die Grundschule – 3. die Realschule – 4. die Berufsschule

3b

Dann ist sie in die Grundschule gekommen. Nach vier Schuljahren ist sie in die Realschule gegangen. Danach hat sie eine Ausbildung gemacht und ist zwei Tage in der Woche in die Berufsschule gegangen.

4

1. Richtig – 2. Falsch – 3. Richtig

5a

2. D – 3. C – 4. A

5b

1. Wenn er eine Zwei in Mathe hat, dann kann er aufs Gymnasium gehen.
2. Wenn er studieren will, dann muss er gute Noten haben.
3. Wenn er Arzt werden will, muss er studieren.
4. Wenn er Arzt ist, verdient er gut.

6

1. macht – geht
2. schafft – geht
3. machen – will – muss
4. machen – will – kann

7

1. Wenn du nicht aufräumst – 2. Wenn du nicht anrufst – 3. Wenn das Wetter schlecht ist – 4. Wenn ich zu viel arbeiten muss – 5. Wenn du mir nicht zuhörst

8

2. Du kannst eine Entschuldigung schreiben, wenn du einen Termin hast.
3. Du kannst in der Firma anrufen, wenn du die Stelle haben willst.
4. Du musst mehr lernen, wenn du bessere Noten haben möchtest.
5. Du kannst den Lehrer fragen, wenn du etwas nicht verstehst.

9

2. Gehen Sie zum Arzt, wenn Sie Fieber haben.
3. Essen Sie weniger, wenn Ihre Hose zu klein ist.
4. Gehen Sie spazieren, wenn Sie nicht schlafen können.
5. Machen Sie Sport, wenn Sie nicht fit sind.

11

3: befriedigend – 2: gut – 5: mangelhaft – 6: ungenügend – 1: sehr gut – 4: ausreichend

12

1. Falsch – 2. Richtig

13

1. A – 2. B – 3. B – 4. A

14

wollten – musste – durften – konnte

15

wollen: ich wollte – du wolltest – er/es/sie/man wollte – wir wollten – ihr wolltet – sie/Sie wollten
dürfen: ich durfte – du durftest – er/es/sie/man

durfte – wir durften – ihr durftet – sie/Sie durften
müssen: ich musste – du musstest – er/es/sie/man musste – wir mussten – ihr musstet – sie/Sie mussten
können: ich konnte – du konntest – er/es/sie/man konnte – wir konnten – ihr konntet – sie/Sie konnten

16
1. konnte – musste – wollte
2. durften – mussten/durften – durften
3. wollten – wollte – konnte

17a
1. Richtig – **2.** Falsch – **3.** Richtig – **4.** Falsch

17b *Beispiel:*
1. Sie musste viel lernen.
2. Sie durfte die Hausaufgaben nicht in der Schule machen.
3. Sie konnte verschiedene Nachmittagskurse wählen.
4. Sie wollte am Nachmittag schwimmen gehen.
5. Wenn es heiß war, durfte sie nicht an den Strand gehen.

19a
1. ins Theater – **2.** um 9.00 Uhr – **3.** um 12.00 Uhr – **4.** 4 € – **5.** Sie können Ihr Kind direkt vom Theater abholen. / geht es in die Schule zurück – **6.** geben ihn Ihrem Kind mit

19b
2. Die Schüler sollen um 9.00 Uhr in der Schule sein.
3. Das Theaterstück ist um 12.00 Uhr zu Ende.
4. Die Schüler müssen 4 € bezahlen.
5. Die Schüler gehen nach dem Theaterstück nach Hause oder in die Schule zurück.
6. Die Kinder sollen den Abschnitt der Lehrerin geben.

20
1. Klassenfahrt – **2.** Taschengeld –
3. Elternabend – **4.** Ausflug – **5.** Schulfest

22a
B – C – A

22b
China: 6 Jahren – 6 Jahre – 14 Wochen
Simbabwe: 6 Jahren – 7 Jahre – 3 Monate
Türkei: 6 Jahren – 5 Jahre – 3 Monate

23
die Schulklasse – das Schulheft – das Schulbuch – die Schultasche – der Schulbus – das Schulfest – der Schulhof

24a
1. die Schule: besuchen
2. das Abitur: machen – schaffen
3. den Abschluss: machen – schaffen
4. den Test: schreiben
5. die Prüfung: schaffen – schreiben – machen

24b *Beispiel:*
2. Sie besucht gern die Schule. – **3.** Tim macht seinen Abschluss. – **4.** Ich schreibe morgen einen Test. – **5.** Er hat die Prüfung geschafft.

STATION **1**

1a
1. *Beispiel:*
Ich komme aus Ghana. – Ich wohne in Kassel. – Ich habe eine Arbeit gefunden. – Meine Verwandten wohnen in Bremen.
2. *Beispiel:*
Schreiben ist für mich wichtig. Ich lerne am besten, wenn ich Übungen mache. Ich lerne gern mit Wortkarten.
3. *Beispiel:*
Ich finde, dass viele Kindersendungen gut sind. Ich finde es wichtig, dass Kinder nicht zu viel fernsehen. Ich denke, dass das Internet mehr Informationen bietet als das Fernsehen.
Für mich ist das Internet wichtig, weil ich mit meinen Freunden chatten kann.
Ich sehe selten fern, weil ich lieber Bücher lese.
4. öffnet – wählt … aus – schreibt – schickt … ab – schließt

5. *Beispiel:*
Samstags gehe ich in den Supermarkt und kaufe ein.
Dann gehe ich ins Schwimmbad.
Sonntags mache ich eine Fahrradtour. Danach gehe ich ins Kino.

6. *Beispiel:*
◁ Ja, ich hätte/möchte gern das Steak mit Pommes Frites.
◁ Ich nehme eine Fanta, bitte.

7. Grundschule – Hauptschule – Realschule – Gymnasium – Gymnasium – Universität – Hauptschule – Realschule – Berufsschule

8. *Beispiel:*
In der Schule musste ich Schulgeld bezahlen. – Ich durfte aufs Gymnasium gehen. – Ich wollte studieren. – Ich konnte mein Abitur machen.

Prüfungsvorbereitung DTZ: Hören

Teil 1
1. B – **2.** C – **3.** A – **4.** B

Teil 2
5. C – **6.** C – **7.** A – **8.** A – **9.** B

Teil 3
10. Richtig – **11.** A – **12.** Richtig – **13.** C – **14.** Falsch – **15.** B – **16.** Falsch – **17.** A

LEKTION  5 **Am Arbeitsplatz**

1
2 – 1 – 4 – 3
der Polizist – der Pilot – die Erzieherin – der Busfahrer

2
1. Busfahrer – Arzt
2. Friseurin – Köchin
3. Ingenieur – Mechatroniker

4a
1. Wie lange sind Sie heute im Büro?
2. Wo bekomme ich einen Büroschlüssel?
3. Wann kommt Herr Boie heute?
4. Warum kommen Sie so spät?

4b
2. wo ich einen Büroschlüssel bekomme?
3. wann Herr Boie heute kommt?
4. warum Sie so spät kommen?

5
1. wie schnell Sie gefahren sind?
2. warum Sie nicht sofort angehalten haben?
3. wann Sie den Führerschein gemacht haben?
4. was Sie in der Tasche haben?

6
2. Warum habt ihr so lange telefoniert?
3. Wann kommt er morgen?
4. Wie alt sind Sie?

7a
1. Wisst – weiß – Weißt – weiß
2. Wissen – weiß – weiß – wissen

7b
ich weiß – du weißt – er/es/sie/man weiß – wir wissen – ihr wisst – sie/Sie wissen

8
2. Können Sie mir sagen, wie lange der Film dauert? – Ja, er dauert zwei Stunden.
3. Darf ich fragen, wohin Sie in Urlaub fahren? – Ja, ich fahre nach Frankreich.
4. Weißt du, wie viel das Auto kostet? – Ja, es kostet 25.000 Euro.
5. Kannst du mir sagen, wann das Quiz anfängt? – Ja, es fängt um 20.15 Uhr an.

9 *Beispiel:*
◁ Wissen Sie, wie viel Uhr es ist?
◁ Ja, es ist 19.46 Uhr.
◁ Weißt du, wo meine Schuhe sind?
◁ Ja, sie sind unter dem Bett.
◁ Weißt du, wie teuer das Kleid ist?
◁ Ja, es kostet 39,90 Euro.

10
1. Weil er einen Termin in Hamburg hat.
2. Am Donnerstag.

11

1. ihr – **2.** ihm – **3.** ihnen

12

1. mir – dir – **2.** uns – euch – mir – **3.** ihnen –
4. ihm – **5.** ihr – **6.** Ihnen

13

Sie – ihn – sie – ihr – sie – ihm – Er

14

links:

Liebe Frau Luttich,
wir müssen noch einen Tisch im Restaurant reservieren. Können Sie das bitte machen?
Vielen Dank
Jürgen Güntner

rechts:

Hallo Ute, wir gehen heute in die Disko. Kommst du
mit?
Grüße, Bernd

15 *Beispiel:*

1. Liebe Frau Melk,
   der Briefträger hat bei mir ein Paket für Sie
   abgegeben. Sie können das Paket morgen
   abholen.
   Viele Grüße
2. Hallo Bernd,
   ich arbeite am Computer und verstehe das
   Computerprogramm nicht. Könntest du mir
   bitte helfen?
   Vielen Dank

16 *Beispiel:*

Hallo Pia, ich habe den Zug verpasst und komme
später nach Hause. LG Markus

17

1. C – **3.** D – **4.** B

18

2. Diese. – **3.** Dieser. – **4.** Diese.

19

1. welches – Dieses
2. diesen – diese – dieser – diesen – Welchen

20

21

Dialog 1:

◖ Guten Morgen, Herr Neuner, hier ist Luisa Rein.
  Ich bin krank und bleibe heute zu Hause.
◖ Ja, gut. Gehen Sie zum Arzt?
◖ Ja, ich schicke dann eine Krankschreibung.
◖ Gut, dann gute Besserung!
◖ Vielen Dank!

Dialog 2:

◖ Nein, ich hatte noch keine Zeit. Ich war an der
  Kasse.
◖ Dann machen Sie es jetzt, bitte.
◖ Soll ich danach wieder an die Kasse gehen?
◖ Ja, bitte.

22

◖ Entschuldigung, ist der Platz noch frei?
◖ Nein, früher habe ich in der Abteilung in Ham-
  burg gearbeitet.
◖ In Hamburg war es nicht schlecht, aber hier ist es
  interessanter.
◖ Ich heiße Doreen Berten.

24

1. Am 17. 7. – **2.** Nach Baden-Baden. – **3.** Das
Burda Museum. – **4.** Die Firma. – **5.** Einen Spaziergang durch die Stadt.

25

3 – 1 – 4 – 2

26a

2. Erzieher/Erzieherin – **3.** Busfahrer/Busfah-
rerin – **4.** Florist/Floristin – **5.** Polizist/Polizis-
tin – **6.** Mechatroniker/Mechatronikerin

26b

1. Erzieher/Erzieherin – **2.** Pilot/Pilotin –
3. Polizist/Polizistin –
4. Mechatroniker/Mechatronikerin –
5. Florist/Floristin – Busfahrer/Busfahrerin

27

1. eine Mitteilung: schreiben – lesen
2. ein Formular: ausfüllen – lesen
3. Bescheid: sagen
4. einen Termin: verschieben

LEKTION **6 Wohnen nach Wunsch**

1a *Beispiel:*

1. Sie wohnen in einem Haus. Sie wohnen außerhalb und haben einen Garten. Es ist ruhig.
2. Sie wohnen in der Innenstadt. Die Wohnung hat einen Balkon. Es gibt einen Hof und einen Spielplatz.
3. Sie wohnen zentral. Es gibt viele Geschäfte in der Nähe. Es ist laut.

1b

2 – 3 – 1

1c *Beispiel:*

1. weil sie schön groß und sehr hell ist.
   weil hinter dem Haus ein Hof mit einem Spielplatz ist.
2. weil sie ziemlich zentral liegt.
   weil es Kinos und Restaurants in der Nähe gibt.
3. weil ein großer Garten hinter dem Haus ist.
   weil es nicht viele Autos gibt.

2

1. einer – einem – **2.** einem – einer – einem –
3. dem – der

3 *Beispiel:*

In der Stadt gibt es mehr Geschäfte als auf dem Land.
In der Stadt findet man leichter Arbeit als auf dem Land.
In der Stadt kann man besser ausgehen als auf dem Land.
In der Stadt sind die Wohnungen teurer als auf dem Land.
Auf dem Land ist es ruhiger als in der Stadt.
Auf dem Land sind die Straßen sauberer als in der Stadt.
Auf dem Land kann man genauso gut einkaufen wie in der Stadt.
In der Stadt können die Kinder genauso gut spielen wie auf dem Land.

5a

Zi: Zimmer – OG: 1. Stock (=1. Obergeschoss) –
BLK: Balkon – NK: Nebenkosten –
EG: Erdgeschoss – MM: Monatsmiete –
EFH: Einfamilienhaus – KM: Kaltmiete –
EBK: Einbauküche – WM: Warmmiete –
ZH: Zentralheizung – m²: Quadratmeter

5b

Anzeige 1:
72 qm – 3 Zimmer – 450 € KM + 150 € NK –
keine Kaution – Balkon und Einbauküche
Anzeige 2:
120 m² – 5 Zimmer – 810 € WM – 3 MM – Terrasse und Garten

6

2. A – **3.** D – **4.** B

7

im – im – am – am – am – Um – am – Am – Am

9

1. sich freuen – **2.** sich vorstellen –
3. sich wohl fühlen

10

1. sich – **2.** mich – sich – **3.** dich – mich –
4. euch – uns

11a

mich – dich – sich – sich – sich – uns – euch – sich

11b

1. sich – **2.** sich – **3.** sich – sich – **4.** sich

12

1. sich – sich – sich – sich – sich
2. euch – sich – mich – uns

13a

mich – dich – ihn – es – sie – uns – euch – sie

13b

1. ihn – **2.** sie – **3.** es – **4.** sie

14 *Beispiel:*

Ich heiße Giovanni Stefano und das ist meine Frau Maria. Wir kommen aus Italien und leben seit 20 Jahren in Deutschland. Wir sind vor einem Monat nach Dresden umgezogen und fühlen uns hier sehr wohl.

15a

1. der Tisch, -e – **2.** die Tischdecke, -n –
3. die Lampe, -n – **4.** der Stuhl, "-e –
5. der Küchenschrank, "-e – **7.** die Spüle, -n –
8. der Kühlschrank, "-e

15b

1. am – **2.** zwischen der – dem – **3.** an der –
4. auf dem – **5.** neben der – **6.** über dem

16a

2. das Regal, e   **3.** der Schrank, "-e – **4.** der Tisch, -e – **5.** das Bild, -er – **6.** der Teppich, -e –
7. die Tischdecke, -n – **8.** die Lampe, -n – **9.** die Wand, "-e – **10.** der Boden, "-

16b

1. an die – **2.** neben den – **3.** vor das – **4.** über das – **5.** auf den – **6.** auf den – **7.** an die

17

1. stehen – liegen – **2.** stellt – legt –
3. stellt – steht – **4.** legt – liegt

18a

1. stellen – Stell – stehen – **2.** stehe –
3. steht – gestellt

18b

1. liegt – liegt – **2.** Legen –
3. lege – legen – liegt

19

◖ Entschuldigung, können Sie mir helfen?
◖ Ich brauche Dübel und Schrauben.
◖ Ich weiß nicht, ich möchte eine Lampe aufhängen.
◖ Nein, nein, es ist eine ganz normale Lampe.
◖ Nein, danke. Das ist alles.

21a

B

21b

B – A – C

21c

1. 48,14 – 21,81 – **2.** 534,48 – 150,32 –
3. 568,60 – 213,26 – **4.** 0,00

22

1. Er fühlt sich einsam, schlecht und traurig.
2. Sie ist krank und fühlt sich matt und erschöpft.
3. Sie fühlen sich stark. Sie fühlen sich wunderbar und fit.

23

1. der Mietvertrag – **2.** kündigen –
3. der Mieter – **4.** der Vermieter

24

1. sich trennen – **2.** sich kennenlernen – **3.** sich verlieben – **4.** sich entschuldigen – **5.** sich streiten

LEKTION **7** Feste feiern

1

2. Am dritten Oktober. – **3.** Am ersten Mai. –
4. Am einundzwanzigsten Juni.

2a

2. der neunte Elfte – **3.** der zwanzigste Siebte –
4. der achtundzwanzigste Achte – **5.** der achte
Dritte – **6.** der neunzehnte Zehnte – **7.** der
dreiundzwanzigste Fünfte – **8.** der neunundzwan-
zigste Zweite

2b

1. 5. Juni – **2.** 8. Juli – **3.** 21. Mai

3

1. Vom 18. 3. bis zum 15. 4. – **2.** Vom 2. 8. bis zum
14. 8. – **3.** Vom 30. 6. bis zum 9. 8.

4

einundzwanzigste – einundzwanzigsten – achtundzwanzigste – achtundzwanzigsten – einundzwanzigsten – siebzehnten – achtzehnten

5

geradeaus – dritte – vierte – vierten

6

1. C – **2.** B

7

2. E – **3.** A – **4.** F – **5.** G – **6.** B – **7.** D

Liebe Freunde,
ich habe meinen Führerschein! Das möchte ich mit
euch feiern. Kommt am Samstag ab acht zu uns in
den Garten. Getränke und Musik habe ich. Wer
kann noch einen Salat oder einen Kuchen mitbringen? Sagt mir Bescheid. Ich freue mich!
Martin

8

◖ Hallo, Anna! Hier ist Lili.
◖ Danke, super. Ich habe meine Prüfung geschafft!
◖ Danke. Ich bin so froh! Und jetzt will ich feiern.
◖ Ja, klar. Philipp, Marius und Vanessa kommen.
   Kommst du?
◖ Wir treffen uns bei mir und gehen dann in die
   Stadt.
◖ Tschüss!

9 *Beispiel:*

1. Liebe Freunde,
   ich bin umgezogen. Das möchte ich mit euch
   feiern. Kommt am Freitag ab sieben in meine
   neue Wohnung in der Gartenstr. 7. Ich freue
   mich!
   Bis dann!

2. Liebe Eltern,
   ich möchte Sie herzlich zum Sommerfest der
   Schule einladen. Kommen Sie am Sonntag ab elf
   in die Schule. Wer kann noch einen Salat oder
   einen Kuchen mitbringen? Sagen Sie mir
   Bescheid!
   Viele Grüße

3. Liebe Freunde,
   ich habe Geburtstag und das möchte ich mit
   euch feiern. Kommt am Samstag ab acht zu mir.
   Getränke und Musik habe ich. Ich freue mich!
   Liebe Grüße

10

1. ihr – **2.** ihm – ihr – ihnen – **3.** mir – dir –
4. mir – Ihnen – mir – **5.** euch – **6.** uns

11a

2. die Praline, -n – **3.** die Kerze, -n – **4.** die
Krawatte, -n – **5.** das Geschirr, - – **6.** die CD, -s

11b

2. Man kann ihr (eine Schachtel) Pralinen schenken.
3. Man kann ihr eine Kette schenken.
4. Man kann ihm eine Krawatte schenken.
5. Man kann ihnen eine Kerze schenken.
6. Man kann ihnen Geschirr schenken.

12

1. Meinem Sohn schenke ich ein neues Handy.
2. Ich schenke meinem Großvater ein Buch zum
   Geburtstag.
3. Zum Geburtstag schenke ich meiner Schwester
   ein Parfüm.
4. In meinem Land darf man keine Messer schenken.

14

A **1.** Falsch – **2.** Richtig – **3.** Richtig – **4.** Falsch
B **1.** Falsch – **2.** Falsch – **3.** Falsch – **4.** Richtig

15

Der Mantel ist grün. Die Schuhe sind rot. Die
Strümpfe sind rot. Die Ohrringe sind gelb.

16

1. Das ist eine blaue Krawatte.
2. Das ist kein schönes Geschirr. –
Das ist hässliches Geschirr.
3. Das ist keine billige Kette. –
Das ist eine teure Kette.
4. Das ist kein gesundes Essen. –
Das ist ungesundes Essen.

17

1. eine Jacke – warme
2. Schuhe – Schwarze
3. einen Fernseher – günstigen
4. ein Sofa – rotes

18

1. warmen – warm – günstig
2. große – warme – frischen – kleinen
3. große – kleine – großes – kleines

19

2. A – **3.** D – **4.** B

21

1. Maja und Viktor haben im Sommer geheiratet.
2. Sie sind zum Standesamt gegangen.
3. Die Mutter von Maja hat geweint.
4. Sie haben ein Hochzeitsfoto gemacht.
5. Sie haben im Restaurant gefeiert.
6. Am nächsten Tag sind sie auf Hochzeitsreise
gefahren.

22

1. mich – **2.** sich – sich – **3.** mich –
4. euch – uns

23

links: wünschen – alles – Glück
rechts: Herzlichen – zum – Gute

25a

1. Richtig – **2.** C

26

Puppe – Krawatte – CD – Kerze – Kaffeetassen –
Parfüm – Pralinen – Buch

27

2. A – **3.** D – **4.** G – **5.** B – **6.** F – **7.** E

STATION 2

1a

1. Wissen Sie, wo der Bahnhof ist? – Können Sie
mir sagen, wie viel der Computer kostet?
2. Hallo – Besprechung – Geht – Büro – Grüße
3. *Beispiel:*
◖ Hier ist Lena Fleckenstein. Ich bin krank und
komme heute nicht.
◖ Ja, um 10 Uhr. Ich schicke dann eine
Krankschreibung.
◖ Vielen Dank! Auf Wiederhören.
4. Anzeige – Wohnung – vermietet – Kaution – Monatsmieten – besichtigen
5. uns vorstellen – fühlen ... sich – freuen uns
6. Die Frau trägt eine rote Bluse und eine weiße
Hose. Sie trägt rote Schuhe und rote Strümpfe.
Sie hat eine gelbe Tasche. Sie trägt rote Ohrringe.
Der Mann trägt ein grünes Hemd und eine blaue
kurze Hose. Er trägt rote Schuhe und weiße
Socken.
7. *Beispiel:*
Liebe Caroline,
zum Geburtstag wünschen wir dir alles Gute und
viel Glück!

Prüfungsvorbereitung DTZ: Lesen

Teil 2
1. H – **2.** C – **3.** x – **4.** E – **5.** A

Teil 3
6. Falsch – **7.** C – **8.** Richtig – **9.** B

Antwortbogen

Hören

Teil 1

1 ○ ○ ○ 1
  a b c

2 ○ ○ ○ 2
  a b c

3 ○ ○ ○ 3
  a b c

4 ○ ○ ○ 4
  a b c

Teil 2

5 ○ ○ ○ 5
  a b c

6 ○ ○ ○ 6
  a b c

7 ○ ○ ○ 7
  a b c

8 ○ ○ ○ 8
  a b c

9 ○ ○ ○ 9
  a b c

Teil 3

10 ○   ○ 10
 Richtig Falsch

11 ○ ○ ○ 11
  a b c

12 ○   ○ 12
 Richtig Falsch

13 ○ ○ ○ 13
  a b c

14 ○   ○ 14
 Richtig Falsch

15 ○ ○ ○ 15
  a b c

16 ○   ○ 16
 Richtig Falsch

17 ○ ○ ○ 17
  a b c

Lesen

Teil 2

1 ○ ○ ○ ○ ○ ○ ○ ○ ○ 1
  a b c d e f g h x

2 ○ ○ ○ ○ ○ ○ ○ ○ ○ 2
  a b c d e f g h x

3 ○ ○ ○ ○ ○ ○ ○ ○ ○ 3
  a b c d e f g h x

4 ○ ○ ○ ○ ○ ○ ○ ○ ○ 4
  a b c d e f g h x

5 ○ ○ ○ ○ ○ ○ ○ ○ ○ 5
  a b c d e f g h x

Teil 3

6 ○   ○ 6
 Richtig Falsch

7 ○ ○ ○ 7
  a b c

8 ○   ○ 8
 Richtig Falsch

9 ○ ○ ○ 9
  a b c